野尻哲史

定年後のお金

寿命までに資産切れにならない方法

講談社＋α新書
プラスアルファ

はじめに——「老後難民」にならないために50代、60代にできること

山登りは、上るよりも下りる時のほうが危険だと言います。人生を山登りにたとえるなら、50歳を超えた私たちは、資産を創る「山登り」を終えて、これから資産を使う「山を下りる」時期に近づいているとも言えます。

書店で資産運用の本を探すと、世間では「資産運用を始めよう」というメッセージが多くなっていることがわかります。しかし、それはほとんど若者のためのもの。定年間近になった私たちが切実に「必要」と感じること、すなわち定年を迎えた後、「資産をどう使っていくか」の指南書はありません。「人生１００年時代」といった流行《はや》り言葉はあっても、人生の後半戦をどう闘えばいいのか、持っている資産の寿命を少しでも延ばして、人生の最後の瞬間まで経済的に困らずに生き切る方法を教えてはくれないのです。

私自身、２０１８年の今年59歳となり、来年は定年です。最初に勤務した日本の証券会社は40歳目前の時に自主廃業。その後外資系に転職しましたが、そこも50歳前にやめて現在の会社で12年目を迎えています。「上り坂」で相当大きな紆余《うよ》曲折《きょくせつ》を繰り返して、ついに坂の下り方を自分

に当てはめてみる年代に差し掛かったわけです。だからこそ人一倍、下り方が気になるのです。資産寿命を延ばすことに切実なのです。

その意味で本書は、人生という坂の上手な下り方を〝自分事〟として読者と一緒になって考える、資産寿命を延ばすための上手な引き出し方の思案書であり、試案書であり、指南書です。

さて、私が、生涯にわたる「お金との向き合い方」に対する適切な理解を深めるべく、調査・啓蒙《けいもう》のために「フィデリティ退職・投資教育研究所」の活動を始めて、12年目を迎えました。

この間、一貫して大規模なアンケート調査を柱に、消費者の退職準備状況を分析し、米国や英国の状況との比較、資産運用・投資教育に関する海外の知見を取り込む活動を続けてきました。これまでに18件のアンケート調査を行い、延《の》べ16万5288人の生の声を集め、44本の調査レポートを書いてきました。

その中で感じたのは、日本における「お金との向き合い方」で2つの大きな点が欠けている、ということです。

まず、投資未経験者の大多数の人に目を向けずにきてしまいました。

これまで、多くの金融機関が顧客情報を求めてきました。しかし、フィデリティ退職・投資教育研究所のアンケート調査は、顧客情報を得るための調査ではありません。「投資家の情報」や

「顧客の情報」ではなく、「消費者の情報」を集めることを主眼に置いたものでした。

言い換えると、「顧客でない人の情報」や「投資をしていない人」の情報が重要だということです。その背景や声を集めない限り、投資教育の成果は望めません。

誤解を覚悟で言えば、従来の顧客情報を得る活動は、既存の顧客の投資額を増やすためのもの、「1」を「2」に引き上げるためのものでした。しかし、投資教育は本来、消費者の情報を集め、投資をしていない人をいかに投資できるようにするか、すなわち「0」を「1」にするための活動なのです。

すでに投資を行っている3割の方だけでなく、投資未経験の残り7割の声を聴いて、超高齢社会となった日本での資産形成・活用が必要であることを伝えていく必要があります。

もうひとつ、消費者と生涯を通じて向き合ってきませんでした。

「若年層の資産形成が重要だ」とは長らく言われてきました。その一方で、そうして資産形成をした人が、退職してからどうお金と向き合うべきか――この課題について、ほとんど語られずにきてしまいました。

そのため、退職金を受け取った退職者へのアンケートでは、退職金を受け取っているにもかかわらず、「金銭面で不安がある」と回答する方が過半数に達しました。しかも、その人たちの中には、投資のみならず、預金の預け替えなども含めて、「何もしない」という〝金縛り状態〟にある人が多くみられたのです。

この状態で退職後の生活に入り、資産の取り崩しをしてしまうと、老後のための資産は一気に減ってしまい、人生の最期を迎える前に枯渇《こかつ》するような事態に陥《おちい》らないとも限りません。いえ、その可能性は高いと言えます。まるで下り坂を転《ころ》がり落ちるように。

それでは危険すぎます。ゆっくり階段を下りていくような方法が必要です。そうしたお金との向き合い方がなんとしても必要なのですが、その点について語られることはありませんでした。

結局、日本の金融業界は、消費者の声を本当の意味では聞いてこなかったし、消費者に本当に必要な情報を提供することもなかった――と言わざるをえません。

こうした事態を憂慮して、私は、本著の出版社である講談社から2010年に『老後難民――50代夫婦の生き残り術』（講談社+α新書）を刊行し、多くの方が想定している資金ではとても退職後の長い生活をカバーできない、という懸念を世に問いました。2014年には、その対策として『日本人の4割が老後準備資金0円――老後難民にならない「逆算の資産準備」』（講談社+α新書）を著《あらわ》し、資産の面からライフサイクルを遡《さかのぼ》って考える「逆算の資産準備」という独自の処《しょ》方箋《ほうせん》を提唱しました。そこでは95歳を人生の終点に、遡って現役時代の退職準備について包括的にまとめています。

長らく、先に述べたような金融教育の欠如部分を指摘し、その処方箋を提示してきた私は、ここにきて急に「人生１００年時代」という言葉が流行り始めたことに、「やっとここまできたか……」と複雑な思いでいます。しかし、これでようやく、30年以上にもなると思われる「退職後」の生活に関して、どう立ち向かうべきか議論がしやすくなりました。その兆候は、メディア取材の増加という形ですでに表れてきています。しかも、これまでとは違った、ボリュームの大きい特集での問い合わせが増えているのです。

今、日本では、ｉＤｅＣｏ《イデコ》とＮＩＳＡ《ニーサ》を中心に、現役層の投資拡大を進める話が多く語られています。正直なところ若い世代は、投資対象をできるだけ分散して、積み立てながら時間をかけて投資をすれば、資産形成に関してはそれほど大きな問題はないはずです。投資の最大の味方である「時間」があるからです。

しかし、60代になって積立投資は非現実的です。いや50代でさえ難しいかもしれません。かといって、まだ資産の引き出しを始めるわけにもいきません。退職後、95歳や１００歳までを想定しなければなりませんから。

このように、よく言われる「長期・積立・分散投資」といった若年層向けの考え方が単純には使いにくくなり、かといって、長い老後の生活を考えれば資産を引き出すにはまだまだ早すぎる。そんな50代後半から60代の世代は、お金との向き合い方の「エアポケット」に陥っている懸念があります。

人生100年時代と言われる中で、フィデリティ退職・投資教育研究所が50代、60代の1万2000人を対象に行ったアンケート調査では、約7割の方が84歳までの人生を想定していました。95歳や100歳を視野に入れなければならない現実とは10年以上のズレがあります。そして、そのギャップの期間、すなわち最後の10年こそ、最も生活が厳しくなり、何らの対策も打てなくなることが予見される時期なのです。

誰もが健康で長く生きることを望んでいます。しかしそのためには、生活に必要な資金を確保するため日々の生活をコントロールし、かつ、資産が減っていく恐怖に打ち克てるような〝お金との向き合い方〟が必要になります。

もっとはっきり言えば、退職後は、資産を増やすのではなく、減っていくのにどう向き合うか、人生の〝下り坂〟をどうまく下りていくかが問題なのです。上手に下りるためには、定年を迎えた後も資産を引き続き運用するだけではなく、資産をうまく引き出すための「引き出し方」にも目を向ける必要があります。

若い世代と違って、退職後は勤労収入が少なく、自助努力できる期間は短い。しかし生活する老後の時間は長く、持っている資産は有限です。50代後半から60代にかけては、この事実を十分に理解し、あらかじめ準備をする必要があります。

米国や英国の退職後のファイナンシャル・プランニングでは、当然のように使われている「持続可能引き出し率」「定率引き出し」「課税繰《く》り延《の》べ」「最低引き出し率」といったキーワードを聞いたことのある日本の読者の方は、ほとんどいないでしょう。

もちろん、こうした用語を一般の方が知らなくても当然です。現役世代の資産形成のための「長期・分散・時間分散」しか伝えてこなかった、これまでの日本の投資教育が原因です。もちろん、長期・分散・時間分散という視点は、50代、60代の私たちにも重要なものです。でも、50歳を超えたら、「これだけではダメ」なのです。増やすための運用だけでなく、退職後にうまく減らしていくための運用、退職後の生活のために引き出すことを前提にした運用の考え方が必要です。

①自分の寿命が尽きるよりも資産のほうが長持ちする「上手な減らし方」、②それを可能にする「退職後の運用」、また、③資産がより長期間にわたって持続できるような「引き出し方の工夫」が求められる時代になった、と今日から意識を切り替えてください。

そんな時代の変化を反映してか、現役世代向けの資産形成に偏《かたよ》っていた日本の風潮も、昨今、少し風向きが変わってきたように思います。

２０１７年11月10日に発表された金融庁の「金融行政方針」でも、また２０１８年２月16日に閣議決定された「高齢社会対策大綱」でも、「退職世代等に対する金融サービス」として「資産運用と取り崩し」を視野に入れることが明記されました。金融行政方針でも、高齢社会対策大綱でも、これまでなかったことです。２０１７〜１８年は、「資産の取り崩し」が〝金融サービス〟として認知された「元年」と呼べる年になるでしょう。

投資の果実を毎月分配するタイプで、高齢者を中心に「年金の補完」として人気が出た毎月分配型投資信託への世間の風当たりは長らく強いものでした。実際に年金の補完ではなく、「毎月、銀行口座に数字が増えていくことがうれしい」という人の心に訴えかけるもので、そのために投資元本からも分配を出していたことが、「タコ足」配当だなどと批判されました。

そもそも退職者は積み上げてきた資産を使って生活の糧《かて》にします。これは、米国でも英国でもまったく同じです。そこから資産を引き出すことは、投資信託で元本を引き出す、いわゆる「タコ足」と同じことなのです。分配金が下がらないことで元本が想定以上に毀損《きそん》するリスクが大きいなど、「毎月分配型投信」への批判は確かに納得できる部分もあるものの、一方で、引き出すことが前提だという「退職者層の投資の理論を知らない無謀な批判」と言える部分も多く、私は誤解と考えられる部分について、その払拭《ふっしょく》に努めてきました。

退職してから、生活費をできるだけ抑えて生活することは必要不可欠ですが、資産を取り崩さないわけにはいきません。年金以外に毎月10万円使う生活なら、年間で120万円。その生活を10年続けるためには1200万円、20年では2400万円といった資産が必要です。

仮に2000万円という多額の退職金を受け取っても、全額預金にして、そこから毎月10万円引き出していれば、80歳になる前に資産は消滅します。その後は公的年金だけの生活になり、それこそ「老後難民」になりかねません。そして、その段階から何か新しい対策を打つことはほとんど不可能。そうなる前に、いかに自分の資産寿命を延ばすかを考えなければなりません。

人生100年時代と言われる今こそ、この問題について考え、準備を進める時期に来ています。いかにうまく資産を減らすかという資産管理の「坂道」をうまく下っていく対策が、私たちの年代がこれからの時代を生き抜いていくための「武器」となります。

結論を先に言いますが、60歳からの15〜20年間、75〜80歳になるまでのあいだ、「運用は3%」「引き出しは4%」と考えることで、資産の寿命をかなり延ばすことができるようになります。

誰もが公的年金だけでは生活できない時代になってきました。生活資金の不足を補うために、現役時代に蓄《たくわ》えてきた資産を取り崩さなければならなくなります。その時、資産寿命を延ばす取り崩し方を実行できた人と、できなかった人とでは、老後生活に大きな違いができかねません。「取り崩す」という言葉はどこかネガティブな印象を持ちます。崩すということが持っているマイナスのイメージからなのか、取り崩す＝「浪費」のように感じる人もいます。しかし、これは違うのです。

そもそも、資産は使うために積み上げてきたものです。使わなければ意味がありません。資産を作ってきた人生の前半戦に対して、資産を「使う」ことは、もはや働いて勤労収入を得ることも難しくなっていく「老後」という名の人生の後半戦なのです。

この本では意識的に、「取り崩し」ではなく「引き出し」という言葉を使うようにしていきます。現役時代のみなさんが、「いかに運用するか」「いかに老後に備えるか」を考えるのと同じくらい、いやそれ以上に大切な「退職後にいかに資産を上手に引き出すか」について、この本ではまとめていきます。資産運用の本ではなく、「運用と引き出しを両にらみ」しながら考える資産活用の本です。投資の本ではなく、投資から撤退するための本です。

本書を最後までお読みいただき、資産の引き出し方の基本をマスターすれば、人生の後半戦におけるお金との向き合い方も「百戦危《あや》うからず」です。

◉目次

はじめに――「老後難民」にならないために50代、60代にできること　3

序　章　引き出し方がわかればお金の寿命は延ばせる

「人生100年時代」の真実　20
平均余命に騙されるな！　21
寿命より資産を長持ちさせるには　23
デキュるＤ世代　25
想像以上に長い「退職後」　26
60歳前後は「エアポケット世代」　28
退職者8000人の本音　29
期待しつつ信用できない年金　31
危険な「退職後の投資デビュー」　33
75歳までの長期投資を目指す　35
退職者の王道は引き出しにあり　36

第１章　逆算の資産準備があなたを救う

ゴールから遡って今をみる　40
お金は３つのステージで考える　41
退職とは積立運用からの卒業　43
多くが59歳で退職する現実　45
継続雇用の罠　46
「勤労収入＝支出」を想定する　48
使わないで運用する時代が重要　49
会社にしがみつくことの危険性　51
自営業者の４つのステージ　53
第２の引退は投資からの撤退　56
資産が減っていくことを理解する　58
人は思ったほど早く死ねない！　59

第２章　退職後に必要な生活資金を計算してみよう

退職後年収＝支出　64
運命を左右する支出コントロール　65
「老後に1億円必要」は本当か？　66
必要な生活資金は一律ではない　67
老後の生活費は「率」で考える　68
３つの掛け算で生活資金総額を　69

目標代替率とは　72
年間支出は「現役時代の７割」　74
コラム①目標代替率68％を検証　75
退職後35年間でやはり1億円超　80

第３章　退職後の生活費をいかに減らすか

退職後１３０万円の収支ギャップ　88
医療・介護費というリスク　89
節約できるのは食費だけか!?　92
生活資金を引き下げる効果　93
リタイアメント・コミュニティ　94
生活〝費〟水準を引き下げよう　95
夢の海外移住は70代以降が問題　96
公的年金をチェックしよう　81
自助努力は５６００万円　83
「年金だけで生活」は難しい　84
コラム②退職後の税金　85
地方「都市」移住の可能性　97
地方都市移住で生活コスト低減　99
住みやすい人口50万人都市　101
コンパクトシティの未来　102
注目の５都市　103
コラム③生活費は変わらない　106

第４章　退職後生活は「使いながら運用」で決まる

収入源の６割が「年金」　112
65歳までの資産減少が致命傷に　114
75歳以降は「引き出すだけ」　114
資産寿命を延ばす出口戦略　116
「定率引き出し」のすすめ　118
資産活用は「下山」のイメージで　119
「使う時代」に備えて資産を残す　122
資産枯渇を避ける「減らし方」　123
目安は「４％引き出し３％運用」　126
逆算の資産準備の完成　128

第５章　定率引き出しのすすめ：４％引き出し

遅れている引き出しの議論　132
「定額引き出し」では守れない　133
資産が早く溶ける定額引き出し　134
資産を長持ちさせる定率引き出し　138
定率＋運用でさらに長持ち　139
引き出しと運用は表裏一体　141
定額引き出しは75歳から　142
「定率」の引き出し額変動の問題　144

リスクの低い運用の効用　145
リスクゼロでは意味がない！　146
一歩進んだ「予定率引き出し」　147
資産の劣化を避ける方法　148
コラム④持続可能引き出し率　150
コラム⑤毎月分配型投信を見直す　153
コラム⑥定額分配金の活用法　155

第6章　退職後の資産運用のすすめ：3％運用

資産形成「率」が大事　158
みんな資産形成を後悔している　159
60歳以降の運用と引き出し　161
現役時代に積立投資経験を！　163
無理をしない運用で十分　164
3％運用は本当に可能か　166
分散投資の効果は大きい　168
2つのコスト：手数料と税金　169
手数料をチェックする　171
50代以上に合った投資とは　173
運用10年以上の投信をチェック　175
投信の約7割が年率3％以上　177
税金を払わない資産形成　179
一般NISAを活用する　180
50代超に使いやすい一般NISA　183
夫婦で非課税枠を2倍にする　185

一歩先行く英国の退職後資金事情　185
退職所得控除の課題　194
D世代から政府への４つのお願い　187
引き出し専用非課税口座が必要　196
おわりに——運用も引き出しも「時間をかける」こと　197

序　章　引き出し方がわかればお金の寿命は延ばせる

「人生１００年時代」の真実

「人生１００年時代」。この言葉が急に広がってきました。

きっかけはリンダ・グラットン教授の書いた『LIFE SHIFT《ライフ・シフト》――１００年時代の人生戦略』（東洋経済新報社刊、原題"The 100-Year Life"）がベストセラーになったことでしょう。２０１７年９月にスタートした「人生１００年時代構想会議」（議長・安倍晋三《あべしんぞう》首相）の議員にグラットン教授を招くなどしたこともあってか、一気に日本人の中にも「１００歳まで生きる人生」というメッセージが浸透しました。

厚生労働省が発表した平成28年（２０１６年）の簡易生命表によると、今60歳の男性の平均余命を勘案した死亡年齢（ここからは平均余命）は83・６７歳、女性は88・９１歳で、まだ１００歳には遠い水準です。現在20歳の人でも、その簡易生命表を使うと男性で81・３４歳、女性で87・４６歳と、実は60歳の人よりも平均余命は短いのが実態です。

これは、若い人のほうがジャンクフードをよく食べるからといったものではなく、若年のうちに病気などで亡くなる方が一定数いるからです。つまり、60歳の平均余命は、単純に60歳まで生き残った人の平均余命であるため、若い人の平均余命より高くなりやすい、というだけです。

それではどこに「平均余命が１００歳」の証左があるのでしょうか。ちょうどその厚生労働省の資料に、平均寿命（その年に生まれた新生児の平均余命と同じ意味）が、男性で昭和40年（1965年）の67・74歳から平成28年に80・98歳、女性も72・92歳から87・14歳へと伸びていることが記されています。ほぼ50年で男性が13・24歳、女性で14・22歳延びているのです。

10年で男性が2・65歳、女性が2・84歳寿命を延ばしているので、現在10歳の人が50年後に60歳になる時には、平均余命が男女ともにそれぞれ13・24歳、14・22歳延びているはずだということです。今の60歳の平均余命にそれぞれ上乗せすると、男性97歳、女性103歳となります。

平均余命に騙されるな！

ここからわかるように、「人生100年時代」という言葉は〝平均余命〟では若い人たちのものです。しかし、平均余命ではまだ80代である私たち60歳前後の世代も、〝人生設計〟としては「人生100年時代」を考えなければいけません。

この平均余命という言葉、金融機関のセミナーとか、ファイナンシャル・プランナーの方々もよく言及します。退職後の生活費を想定するため、何年分の退職後生活を考えるか——といったシチュエーションなどで使うのですが、はっきり言って、これを前提に自分の退職後の生活（ラ

年齢別の生存確率

	現在の年齢	50%生存確率	20%生存確率	100歳を超えて生きる確率
男性	30歳	84歳1ヵ月	91歳6ヵ月	1.54%
	40歳	84歳2ヵ月	91歳6ヵ月	1.55%
	50歳	84歳4ヵ月	91歳7ヵ月	1.58%
	60歳	84歳10ヵ月	91歳10ヵ月	1.64%
女性	30歳	90歳	96歳1ヵ月	6.77%
	40歳	90歳	96歳1ヵ月	6.80%
	50歳	90歳2ヵ月	96歳2ヵ月	6.86%
	60歳	90歳4ヵ月	96歳3ヵ月	7.01%

（出所）厚生労働省「平成28年簡易生命表」よりフィデリティ退職・投資教育研究所が計算

イフプラン）を計画するのは、絶対にやってはいけません。

平均余命とは、大雑把《おおざっぱ》に言うと、その年からの死亡率を掛け合わせて半分の人が亡くなる年齢です。60歳の平均余命は、60歳の１００人が死亡率を使って計算して50人になる年齢です。言い換えると、残り50人はまだ生きています。この水準をもとに退職後の生活設計をすることは、「その年齢以上に生きる可能性が50％ある」ことを前提にしているのと同じで、半分の人がオーバーしてしまうのです。とても「安心できる生活設計」だとは言えません。

そこで私は、「生存確率20％」をもとに、60歳の男性なら91歳、女性なら96歳を想定した退職後の生活設計を考えるべき、夫婦ならば「95歳くらいまでの退職後の生活設計」をしておく必要がある、と主張してきました。

人生１００年時代が現在の若者のテーマであるなら、

われわれ50代後半の世代は、95歳を人生の終焉《しゅうえん》として生活設計をする「人生設計100年時代」でいきましょう。

寿命より資産を長持ちさせるには

「人生設計100年時代」を「お金と向き合う」という視点でみると、定年を迎えるまでのサラリーマン人生と同じくらいの人生を、「退職後」として収入がなくなった状態で生きることになることがすぐ脳裏をよぎります。

現在59歳の私も〝自分事〟として捉えてみれば、22歳で山一證券に入社して以来、フィデリティ投信で定年を迎える60歳までの38年間と、そこから95歳までの35年間はほぼ同じ年数です。60歳までを資産を積み上げる「上り坂」とすれば、60歳から95歳までがその資産を使っていく「下り坂」になるわけで、上りと下りがちょうど同じくらいの山になります。

ちなみに、資産を作り上げる〝上り坂〟の時代をAccumulation《アキュムレーション》の時代、または、資産形成時代と呼びます。私は略して「A世代」と名づけています。一方、資産を引き出す〝下り坂〟の時代をDecumulation《デキュムレーション》の時代、または、資産活用時代と呼び、こちらを「D世代」と命名しています。アキュムレーションもデキュムレーションも、なじみのない言葉だと思います。しかし、退職後、そして「老後」の時代を生きる人が増えるにしたがい、アメリカ、いえ、世界中で関心が高まっている〝超〟重要キーワードなのです。

人生はA世代《資産形成》からD世代《資産引き出し》へと流れ、その頂上が「退職」の時期なのです。

本来、「下り」の期間に、年金以外に毎月10万円ずつ使いたいと考えるなら、「上り」でも同じ期間、毎月10万円ずつ積み立てていればプラスマイナスゼロで帳尻《ちょうじり》が合います（ここではインフレ等は考慮しません）。しかし、現実には、25歳から老後のために毎月10万円ずつ積立貯蓄をすることはほとんど不可能でしょう。少なくとも私には無理でした。

では、今流行《はや》りの積立投資ならどうでしょう。35年間毎月６万円（年72万円、累計投資額２５２０万円）を年率３％で積立投資をすると、60歳の時に４４６７万円になりますから、下りの35年間で毎月10万円ずつ引き出すために必要な４２００万円以上の資産を作り出せます。

みなさんはできましたか？　みなさんのお子さんはできていますか？　できている人はそれほど多くないと思います。

もちろん、できていないからといって焦《あせ》らないでください。50代も後半になって、資産形成のための長い時間が残っているわけではないと慌《あわ》てると、かえって危険な投機（ギャンブル）に向かったり、極端な節約生活に陥《おちい》ってしまったりするケースが散見されます。

現役時代は積み立てながら運用することで、できるだけ資産の「山」を高くすることが不可欠です。しかし、そのできあがった山の高さを所与として、退職後は引き出しながらも運用をする

A世代とD世代

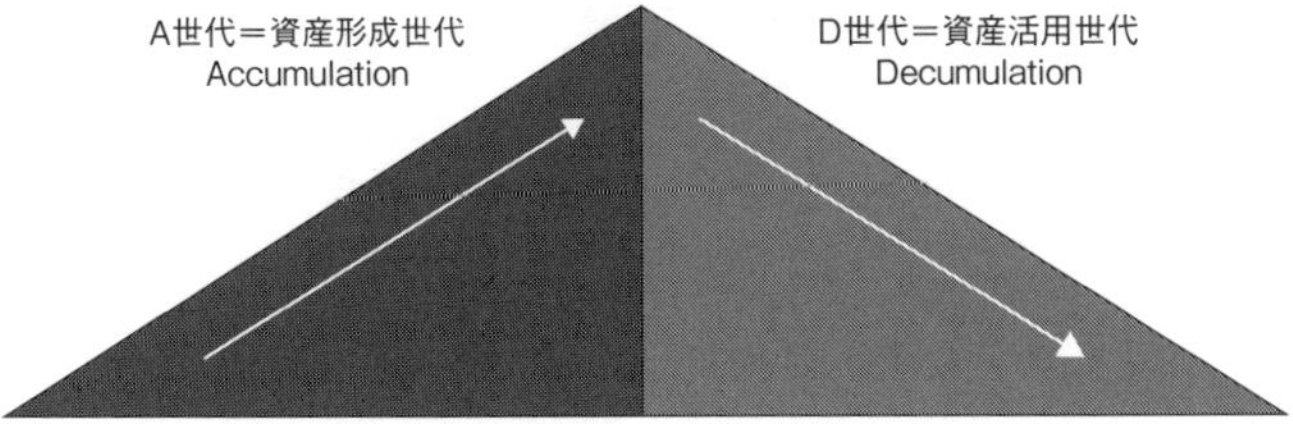

ことで、下り坂（資産の減り方）を少しでも緩《ゆる》やかに、坂道の終点（資産が尽きる時）を少しでも遠くするということを考えるのです。

デキュるD世代

資産の面からみて下り坂に差し掛かったら、できることは、「①引き出す金額を少なくする」か、「②引き出しながらも残りを運用することで差し引きの資産減少のスピードを緩くし、資産をより長持ちさせる」ことに尽きます。本書では、後者の方法をおすすめしています。それがこの本の主題でもあります。

言葉で説明するのは簡単ですが、「坂を下る」というのは「資産が減ること」を意味します。気持ちのうえでは受け入れるのは難しいことです。しかも、引き出しながら運用を続けることも必要になるのです。決して楽ではありません。

そこで、少しでも気楽に取り組んでいただけるように、「デキュムレーションする」ではなくて、「デキュる」というキャッチフレーズにすることを考えました。「そろそろデキュ、る年齢になってきたね」なんて気楽に使えるようになったらいいですね。

想像以上に長い「退職後」

私は現在、フィデリティ退職・投資教育研究所の所長としてフィデリティ投信株式会社に勤めていますが、この会社は60歳定年制を導入しています。私も来年には60歳で定年退職することが決まっています。その後に再雇用となるのか、別の道を模索するのかの岐路《きろ》に立っているわけです。

再雇用というのは、一般に自分から「継続して働きたい」という意思を示し、それをもとに会社側が提示した仕事の内容、仕事の量と年収に納得できれば「継続して働く」ことになります。原則1年契約で、65歳までの再雇用と言われますが、実際には、65歳までこうした契約の更新を続けることができるだけです。途中、条件面で折り合わなければ、契約を打ち切るしかありません。一般に、継続雇用だと年収は半分とか3分の1になると言われますが、唯々《いい》諾々《だくだく》と受け入れるしかないのです。

私は、これからのまだ長い人生の計画を立てるために、60歳から95歳までの35年間を「退職後の生活年数」だと考えています。そのため、継続雇用で1年退職後の生活のスタートが遅れれば、それはその分資産を増やすことができるプラスの誤算。その間の年収でさらに積み立てができれば、これもプラスの誤算だと思うようにしています。

その一方で、退職後の年数は単に長いというだけでなく、男性72歳、女性74歳の健康寿命を過ぎれば、介護や医療のお世話にならざるをえません。言ってみれば、マイナスの誤算です。人生最後の10年以上の期間は、本当にお金の心配が尽きないだろうと想定しています。

ちなみに、２０１８年２月１日現在の55～59歳の推定人口は７６１万人です。均等割りをしてみると59歳の人口は１５２・２万人。

私自身が思うことは、「他人のことではなく、自分のこととして長い退職後の人生、今の資産で生活費が持つだろうか？」という心配です。しかしこれは、１５０万人の同年齢の人が、さらに７６１万人の50代後半の人が等しく、それぞれに「わがこと」として感じているはずです。

「自分は退職金がないから、年収が少ないから、今さら無理だ」と思わないでください。

「自分は田舎に暮らしているから必要ない」と無視しないでください。

「自分は資産があるから必要ない」と楽観しないでください。

「自分は自営業だから死ぬまで働いて何とかする」と目を逸《そ》らさないでください。

「この資金で死ぬまで大丈夫だろうか」という心配は、すべての人に共通の不安なのです。自分の寿命よりも資産の寿命のほうが短かった時、そこから先は公的年金だけの生活になります。このリスクの解決策こそ、「資産をいかに引き出していくか」にかかっているのです。

60歳前後は「エアポケット世代」

私たちの親の世代は公的年金が手厚く、60歳の定年まで働いて残した資産を預金に預けておけば、そこそこに金利が付きました。２０００万円の資産を持って退職すれば、毎月10万円ずつ使っても16年と8ヵ月使えます。１９８０年の65歳男性の平均余命は14・56歳で「人生80年時代」ですから、この資金があればタンス預金にしておいても問題ありませんでした。さらに、当時の預金金利は4～5％程度ありましたから、優に平均余命をカバーできたわけです。

２０１８年を生きる私たちには、そうした良い金利環境は望めません。それに加えて、退職後の生活は、親世代に比べて平均余命で10年も長くなり、その分、生活費は増すことになります。とくに医療費や介護費がかかる最後の10年くらいが延びたわけで、支出アップへの不安は増すばかりです。

一方で、現在の20～30代はｉＤｅＣｏ（個人型確定拠出年金）、つみたてＮＩＳＡ（少額投資非課税制度）など非課税制度が使え、意識さえ持てば自分で資産形成を続けることができる仕組みが用意されました。私たちの世代以上に生活費がかかる懸念は残りますが、こうした資産形成の手段は、きっと若い世代の大きな力になってくれるはずです。

こうしてみると、50代後半から60代にかけての私たちの世代は、そのどちらでもない、「エアポケット」に落ち込んでしまったような世代だと言うこともできます。その結果、起きているのが、退職後に金銭面で心配があるからと何もできなくなってしまう「金縛りパターン」の人、または逆に、「投資をしなければ」と思って退職金で初めて投資をし、しかもそれが株式投資でハラハラしている「ハラドキパターン」の人、といった極端な例なのです。

退職者8000人の本音

フィデリティ退職・投資教育研究所はたくさんのアンケート調査を実施して、その分析をもとに資産形成・資産運用の提言、啓発を行ってきました。その中で、2015年に実施した、退職金を受け取った「退職者8000人アンケート」は、私たち退職前後の世代が抱える多くの課題をみせつけてくれました。

「現在金銭面で不安がある」と回答した人は4714人で、全回答者の54・6％に相当しました。退職金を受け取っていても、なお過半数が「金銭面で不安だ」と答えているわけです。問題はその人たちの行動なのですが、「投資をしている」と回答した人は27・3％と、「金銭面で不安がない」と答えた人の35・5％より低くなっています。「金銭面で不安があるから投資をしない」という考え方です。同じように「金銭面で不安のある人」は、残った退職金を「より高い金利の付く銀行に預ける」ことをせず、「振り込まれた銀行にそのままにする」人が多いのです。

これは、お金の力をまったく活用していないことを示しています。

しかし、このスタンスは間違っています。

「金銭面での不安」を解消する方法は、現役時代であろうと退職してからであろうと、基本的に2つしかありません。収入を引き上げるか、質素な生活で生活コストを引き下げるか、です。

生活を質素にするのは、どの世代の対策としても有効でしょう。しかし収入の引き上げとして、働いて給料を上げるのは現役世代にしかできない方策です。退職してから収入を引き上げるには、自分の代わりに持っている資産に働いてもらうしか方法はありません。つまり、「資産運用」です。

投資をせず、金利も求めず、振り込まれた銀行にそのままにすることは、まるで金銭面での不安に「金縛り」にあっているように思えます。

「投資はできない」という人は、せめて金利を求めたり、豊富な品揃えや情報提供サービスを求めたりする行動を取るべきです。現役時代の資産運用は投資そのものだったかもしれませんが、退職してからの資産運用は投資だけではなく、使い方をも含めた「お金との向き合い方」そのものなのです。だから私は、「退職してからは、金銭面で不安があるからこそ資産運用を考えるべきだ」と主張しています。

期待しつつ信用できない年金

金銭面で不安があるけど何もしないという「金縛り」の人たちは、どこかで「何とかなる」と考えているのではないでしょうか。そういった人は、心のどこかで「公的年金（国民年金・厚生年金）を頼りにしている」のかもしれません。

２０１５年に行った、退職金を受け取った退職者８０００人アンケートでは、「公的年金に期待しているか」との設問に対し、67・０％の人が程度の差こそあれ「期待している」と答えています。現役世代の８割が「公的年金は信頼できない」と答えたのとは対照的な結果でした。

退職後の生活に資産を使えば、資産は減っていっていつかなくなるはず。公的年金以外に10万円を引き出す生活を前提にすると、金利がほとんど付かない今では、２０００万円の資産があってももつのは16年8ヵ月。65歳から使い始めたとして、81歳には枯渇《こかつ》します。それがわからないはずはないのですが、「(公的年金があるから) そんなに引き出さなくても生活できる」と思い込んでいる。または、「そんなに使わないで済ませられるかもしれない」と思い込もうとしているかです。

たしかに、親の世代は、公的年金でなんとか生活することができました。その存在があるからこそ、今でも一部の人に中途半端に頼らせてしまい、自助努力を遅らせてしまうのかもしれません。その意味で、「公的年金が悪い」とも言えます。まるで、ゆでガエルの逸話です。熱いお湯に飛び込んだカエルはその熱さに驚いて飛び出てきますが、徐々に温度が上がっていくとそのまま死んでしまう。それと同じだと。

たとえば米国は、相対的に公的年金や社会保障が日本より薄いからこそ、自助努力の志向が強くなっています。その点、私たち日本人には公的年金があるため、「差し当たりはともかく、年齢を重ねればそれほど生活費をかけなくても生活できるから、きっと何とかなる……」という発想になってしまうのかもしれません。しかし、その「ぬるま湯」に浸《つ》かったまま何もしないで歳を重ねてしまうと、医療や介護が本当に必要になる時期に突入した時に資産が枯渇して、本当に悲惨な状況を迎えてしまいかねません。そうでなくとも、年金だけで夫婦２人の生活で普通の暮らしはとても考えられません。

資産が枯渇してさらに高齢になった時に、公的年金だけで入れる有料老人ホームはどんなところでしょうか。わが家の年金受給額は、試算してみたところ年間２６０万円台、月額22万円弱でした。夫婦２人の金額ですから、一人分11万円弱で入れる有料老人ホームを探すことになります。

私は、この水準で東京で探すのはとても無理だと思います。何もしないで「金縛り」になったままで、その現実を迎えたくありません。

危険な「退職後の投資デビュー」

一方で、前述の退職者８０００人アンケートでは、退職金で投資をしている人は全体の31・0％に相当する２６７６人いました。このうち、現役時代から投資をしていた人は74・1％。見方を変えると、退職金で投資をした人の４人に1人は、「退職金で初めて投資をした」ということです。しかも、そのうちの３分の1が日本株に投資しているのです。

これは、なかなか不安な事実です。退職金は大切な資金ですし、金縛りにあうより投資をするべきだと思いますが、これが「初めて」だとするとちょっと心配です。

私からみれば、こうした人は「ハラハラドキドキパターン」です。

現役世代を対象にしたアンケート調査でよく設問に置く、投資をしない理由の上位に「まとまった資金がないから」という答えがあります。最近では「投資はまとまった資金がなくてもできる」ということを知っている人が増えてきましたが、それでもまだ、「まとまった資金がないと儲《もう》からない」とか、「まとまった資金がないと金融機関は相手にしてくれない」といった声が聞かれます。そういう人が、退職金でまとまった資金を得た時が怖いのです。初めての投資、しかも株式投資から始めるというのは、かなりハラハラドキドキものだと思いませんか。

急に株式投資を始める人は、「まずい、この資産では将来生活できなくなる。……だから、なんとか増やさなければ」という気持ちなのでしょう。でも、こういう人の最大の欠点は、事前にどれくらいに増やせば事足りるのかを把握できていないことにあります。「投資をしなければ」という思いばかりが先に立ち、投資をすることそのものが目的になってしまうのです。

投資は、あくまで「手段」です。にもかかわらず手段と目的を取り違え、儲かることを優先すると、それ以外のものが見えなくなります。たとえば、その裏にあるハイリスクの側面や、どれくらいまで資産を増やせばいいのかを考えていません。しかも、どれくらいの時間をかけて行うのかも考えていない。「目標もなく、スケジュールもなく資産を増やすことだけ」へと向いてしまいがちなのです。

これも実は、「現役時代の考え方から抜け出せない、退職者の考え方」だと言えます。現役の人は資産を増やすことが目的ですが、退職者はそれまで作り上げてきた資産を少しでも長持ちさせる方法を覚えて、人生が終わるまで資産をゼロにしないことが目的へと変わります。

その減らし方、引き出し方が難しい。

自分の寿命と資産の寿命の競争なのですから、ただ減らせばいいというわけではありません。どうやって「自分よりも資産のほうを長生きさせるかを考える資産活用方法」が求められていますが、そのための頭の切り替えができないのです。

何もしないか、急に株式投資を始めるか。なにもこれは、退職金の使い方に限ったリスクではありません。

一般的なサラリーマンであれば、退職金の有無や多寡《たか》にかかわらず、退職時点である程度の資産を持っているはずです。この2つのパターンは、そうした人に共通の懸念ではないでしょうか。しかもこれらのタイプは、退職時点である程度の資産があるからこそ厄介なのです。

それまで得ていた給料などの収入がなくなる中で、ある程度の資産はある。積み上げる時代から、引き出す時代へとお金との向き合い方が変わる。このように環境が根本的に変わる中で、資産運用に対する「現役時代の考え方から抜け出せない」ことはあまりに危険です。

もちろん、「退職金で投資をするな」と言うつもりはありません。退職金を使って運用を始めるのであれば、少なくとも75歳までの運用であることを前提に、時間分散で投資をすることが必要でしょう。

75歳までの長期投資を目指す

若い世代のように長期の積立投資という、毎月の収入の中から投資資金を捻出しながら資産を積み上げる方法ではなく、たとえば５００万円の投資であれば、50万円ずつ10回に分けて投資をする、または、25万円ずつ20回に分けて投資をするといった「有期の時間分散投資」です。そして、詳しくは後述しますが、その際には３％運用を目指す。しかも、十分な節税のメリットを念頭に置きながら。

退職者の王道は引き出しにあり

あなたは「金縛りパターン」ですか、それとも「ハラドキパターン」ですか。どちらでもないと思いながらも、自分をみつめてみると、いずれか少し心当たりの部分があるはずです。

その心持ちが少しでもあるとすれば、この厄介なパターンを払拭《ふっしょく》しなければなりません。そのためには、「資産の引き出し方を知ること」です。

現役時代は「資産を作り上げることを知る」必要がありましたが、現役時代に十分な資産ができた人も、残念ながらそうではなかった人も、50～60代からは、老後資金を極力長持ちさせるため、「どうやって資産を引き出していくか」を知ることこそが〝王道〟なのです。

そのポイントを、先にまとめてしまいましょう。

①「資産を作り上げる時代＝アキュムレーション時代」と同じくらい「資産を引き出す時代＝デキュムレーション時代」があり、合わせて生涯のお金との向き合い方が成り立っている

②デキュムレーション時代は、定率引き出しの「使いながら運用する時代」と定額引き出しの

「使う時代」の2つの組み合わせ

③「使いながら運用する時代」は3％運用と4％引き出しでバランスを重視

④運用だけでなく、移住と勤労のバランスでデキュムレーション時代を生き残る

この本を読み終えて、これら4つのポイントの意味するところがわかるようになったならば、きっと「長い退職後の人生も怖くない」と思っていただけるようになるはずです。

第１章　逆算の資産準備があなたを救う

ゴールから遡って今をみる

現在60歳の人は、男性の20％が91歳まで、女性の20％は96歳まで生きる時代です。もはや、60歳の定年をゴールにして退職後の資産作りを考える時代は「終わった」と言っていいでしょう。新しい時代のゴールは、「95歳まで資産が続くようにする」です。言い方を変えると、逆算で、「95歳で資産0円」を目指すお金との向き合い方が必要な時代になったのです。

イメージとしては、ゴルフのコース攻略法に似ています。最初にカップの位置を考えて、グリーンのどこからパットを打つのが良いかを考えます。次に、その場所に持っていきやすいフェアウェイの位置は、そこに届くためには……そうやって逆算してティーショットを考えるはずです（まあ、私の場合にはそう考えてもうまくいったためしはありませんから、最初からそれがわかるキャディーさんに「どこに打てばいいの」って聞いちゃいますけど）。

こうした逆算をして、今ある行動を決めるやり方を、お金との向き合い方にも取り入れようというのが、私が提唱している「逆算の資産準備」です。「95歳で資産0円」から遡《さかのぼ》って、年齢別に途中経過の目標値を用意する考え方です。そして、ゴルフで私を助けてくれるキャディーさんは、頼れる「ファイナンシャル・アドバイザー」と言っていいでしょうね。

お金と向き合う3つのステージ

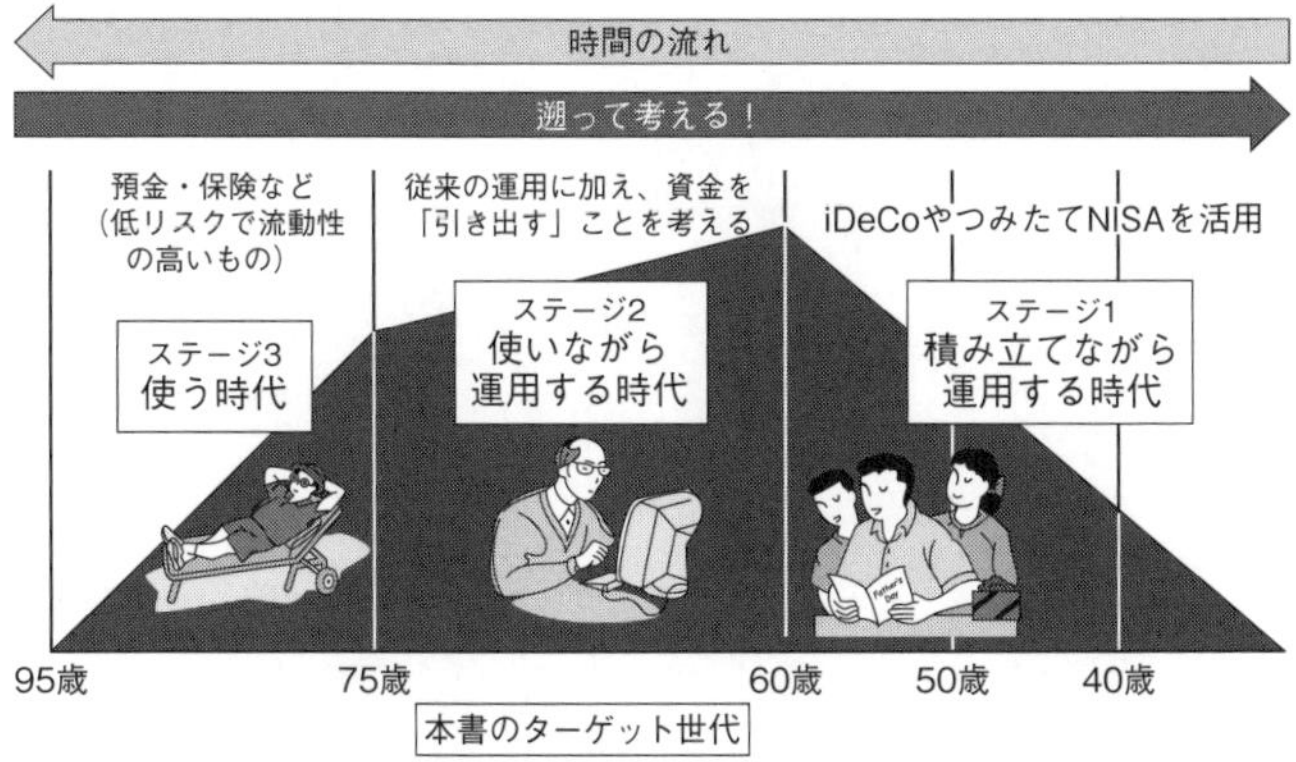

（出所）フィデリティ退職・投資教育研究所作成

お金は3つのステージで考える

「逆算の資産準備」では、お金との向き合い方で人生を3つのステージに分けることから始めます。3つの段階を考えますが、「逆算」であるため、時間の流れを遡るかたちで次のように設定します（上記図表参照）。

まずは95歳から遡って75歳までの20年間が、ステージ3です。「逆算の資産準備」では、この時期は運用からも引退して資産を「使う時代」と位置づけます。ほとんど低リスクで流動性の高いもの、預金やそれに近い金融商品、または保険を使うことになります。

すべての資産を金利0%の銀行預金に入れているとして、資産から毎月10万円ずつ引き出して公的年金の補填《ほてん》に使うとすれば、75歳の時点で２４００万円必要になります。毎月15万円引き出すなら、３６００万円を用意しなければなりません。これは比較的簡単に計算できますよね。しかも、私たちの親の世代が退職後にやってきたのと同じですから、「上手に使う」ことだけに注意を向ければいいのです。

ステージ2が、仕事からは引退しているものの、資産運用からは引退しない「使いながら運用する時代」です。75歳から60歳の退職時まで遡る15年を想定しています。

このステージが最も難しいところです。多様な方法を駆使《くし》する必要がありますし、情報収集力や金融知識、投資経験の有無が大きくものを言う期間になりますから、攻め方はより多様です。

この時期は、お金との向き合い方という観点で、今まで日本ではほとんど整理されてこなかった分野です。しかも、なまじまとまった資産を持っているだけに、金融機関からはターゲットにされてしまいがちな年代です。私たち50代後半から60代は、まさにこの時代の入り口に立っていると言えるのです。

このステージの最大の目標は、75歳からの「使う時代」に必要となる資産をしっかり残すことです。それには、「運用」と「引き出し」のバランスが重要になります。

年齢を重ねたら、リスクを軽減した資産配分へとシフトさせていくべきだ、といった運用の方法は多くの専門家が語っているところです。しかし、資産からさらに生活資金を引き出すことと合わせて考えることは、これまでほとんどありませんでした。

この点こそが、本書の主題です。

そして、ステージ1が、資産形成期である現役時代です。私は、「働きながら運用する時代」または「積み立てながら運用する時代」と呼んでいます。この分野に関しては、iDeCoやつみたてNISAに関する参考書籍がたくさん刊行されていますので、本書では詳しく言及しないことにします。

これら3つのステージを、95歳を起点にして逆算して見ていく方法を図式化にしたのが、41ページの図表です。

退職とは積立運用からの卒業

この本の主題である、75歳から遡って60歳までの「使いながら運用する時代」をどう設定するかという点から話を始めることにしましょう。

まずは、なぜ始まりが60歳なのか、なぜ終わりが75歳なのかを考えます。

昨今、60歳定年の延長、継続雇用、再雇用といった言葉がよく使われます。また最近では、どんどん「定年」という言葉が曖昧《あいまい》になってきつつあります。本質的には、年齢で線を引いた一律退職は差別だという考え方が世界的な流れですから、いずれ日本でも定年制そのものが撤廃されることになるでしょう。

とはいえ、50代後半の私たちがその変化のメリットを享受《きょうじゅ》できるとは思えません。私も含めて60歳定年となる人が多いと思います。しかし、その一方で、「定年後も働く」と考えている人もたくさんいると思います。私もその一人です。

では、定年を目前に迎えたみなさん、または定年を迎えたばかりのみなさんに伺います。「退職」とは、いったい〝いつ〟のことを指すのでしょうか。

それぞれに定義はあるでしょうが、ここでは「使いながら運用する時代」の始まりとしての「退職」をどう考えるか、まとめておきたいと思います。その人のお金との向き合い方においては、働いているかどうかが基準ではありません。資産を作り上げる時期か、取り崩す／引き出す時期か、といった区分けのほうが議論を整理しやすいように思います。

資産を作り上げる時期は、明らかに働いている時期と重なるはずです。しかし、資産を引き出す時期は、働いているかどうかはあまり関係ありません。働いていても、その収入だけで生活できなければ、資産を引き出していかざるをえません。もし資産を取り崩さないとしても、資産を作り上げることができない時期になっているかもしれません。

本来「退職」という言葉は、お金との向き合い方ではあまり都合のいい表現ではありません。あえて使うとすれば、多くの方がイメージしやすい「資産を作り上げる時期の終焉《しゅうえん》」を「退職」としていこうと思います。

本書の中でも、意識的に「老後」という言葉は使わないようにして、「退職後」という言葉を使っています。これは、「資産を作り上げる時代」または「積み立てながら運用する時代」から「使いながら運用する時代」へ〝移った後〟という意味になるのです。

多くが59歳で退職する現実

とはいえ、読者のみなさんの中には、「私は65歳まで現役で働く」と考えている人も多いのではないでしょうか。

そのあたりを聞いたアンケート調査があります。過去18件、延《の》べ16万5000人以上の声を、アンケートを通じて拾ってきました。たとえば、2017年8月に初めて退職者と現役者、それも50歳から69歳までの約1万2000人を対象にした、「資産活用世代のお金との向き合い方」に関する調査を行いました。

この時のアンケート調査では、退職を「会社勤め等からの退職、自営業からの引退等で第一線を退《しりぞ》いたことを想定。また継続雇用などで就労を継続している場合、既に退職金を受け取り、現役時代から大きく年収が減っている状況は、退職（引退）に該当する」と明記して、現役633人に「自分の退職する年齢はいつか」を聞きました。

その結果、現役世代の退職希望年齢は平均65・7歳であったことがわかりました。やはり、60

歳とは思っていないということです。ところが、同じアンケート調査で、退職した男性に聞いた実際の退職年齢は平均59・3歳だったのです。しかも、59歳以前に退職したと回答した人が33・0％もいて、この人たちは、いわゆる「役職定年」などで子会社や関連会社に移った人だと思われます。また、60歳ちょうどが32・9％でした。こちらは依然として、「60歳定年でその後は大幅な収入ダウンで継続雇用」というパターンだと思います。

「65歳定年」という言葉を妄信している中で、現実には3分の2が60歳以前に、資産を作り上げる時期の終わりとしての「退職」を迎え、「大きく年収が減った」のです。「現役時代から大きく年収が減る」という意味で、「退職」はわれわれの目前に迫《せま》っています。

継続雇用の罠

このように「逆算の資産準備」では、働いていても年収が大きく減るならば「退職」として考えることにしています。しかし、それでもできるだけ長く働くのは大切なことです。昨今、60歳以降に関して継続雇用とか、再雇用制度が充実し始めています。そのため再雇用、継続雇用を計画し、また実行する必要があります。

同じ会社で再雇用・継続雇用となることは比較的簡単そうに思われるかもしれません。というのも、知った会社ですし、作業やプロセスも熟知しているでしょう。これまでの社内ネットワークも生かせます。

ただ、データをみると、65歳まで働くということは決して簡単ではありません。2015年に実施した「退職者8000人アンケート」で、退職後の就労状況を聞いています。60歳の時点で38・1％の人が同じ会社に再雇用・継続雇用をしています。完全に退職した人は31・6％でした。残りの3分の1は、15・3％が違う会社に再雇用され、アルバイト程度の仕事の人が11・9％でした。意外に「60歳以降も働く」ことは簡単ではないようです。

もっと深刻な問題は、その先の状況です。同内容を65歳の人に聞いてみると、同じ会社で再雇用、継続雇用したと答えた人はわずか13・0％です。60歳時点の比率と比べると、3分の1に減っているのです。同じ会社で継続雇用を65歳まで「続ける」のはなかなか難しいことだ、とわかります。

しかも、この比率が低下するのに合わせて増えているのは、「完全に退職している人」の割合です。65歳でこの比率が50・2％にまで高まります。「同じ会社に再雇用・継続雇用」ということは、60歳からの入り口としては簡単なように思えるかもしれませんが、その状況を65歳まで継続するにはかなりの能力が必要なのです。

その一方で注目したいのは、「違う会社に再雇用」をした人の比率が、60歳から65歳でほとんど変わっていないことです。しかも、65歳のデータだけみると、違う会社に再雇用されている人の比率は13・7％と、同じ会社に再雇用される人の13・0％を上回っています。

ほかの会社で再雇用契約を得られるような人材だから長く働けるのかもしれません。現役時代のスキルアップは、こうした面で重要な要素になっているように思います。

私の知り合いにも、証券会社を辞めてから大学で勉強して農業を始めた人、繁盛しているイタリアンのお店を経営している人、日本の漫画を米国で輸入翻訳した人、いろいろな転職成功者がいます。

「勤労収入＝支出」を想定する

「退職」を「資産形成できなくなった時」と規定すると、「働いているけれど資産を積み上げられない時期」があるとみることもできます。

お金との向き合い方として、収入と支出の関係から「退職」を考えてみると、現役時代は「勤労収入＞支出」で、「積み立てながら運用する時代」です。退職後の時代は「勤労収入＜支出」で、その前半が「使いながら運用する時代」、後半が「使う時代」と言えます。

しかし実は、厳密にみると「勤労収入＝支出」の時期もあるはずです。収入の中から資産形成をするほど資金は残せないため「退職」なのですが、なんとか支出をカバーするくらいの収入は得ている、すなわち「勤労収入＝支出」の時代です。

私たちは「現役か」「退職か」で考えてしまいがちです。これはある意味、0か1かというデジタル的思考のようなものですが、人々の生活には〝その間〟もあるはずです。「すでに退職してはいるけれど、まだ働いている」――ちょっと変な表現ですが、そんな0と1の間のアナログ的な思考が意外に大切なのです。

退職後の生活を想定する時には、その終わりはできるだけ長めに計画し（長生きすると計画し）、一方で、退職後の生活の始まりをできるだけ遅らせる（資産の引き出しのスタートをできるだけ遅くする）ことが肝要です。

これを実現するためにポイントとなるのが、「勤労収入＝支出」の時期を作ることです。資産が増えなくなり、「退職」ではあるものの、まだ資産の引き出しをしないでいられる時期を極力長く作るのです。

使わないで運用する時代が重要

具体的に考えてみましょう。

たとえば55歳で子会社に転出した人がいたとします。退職金を受け取って、それ以降は従来の半分の給料水準になりました。

この時、生活水準を十分に切り下げなかったとしたら、この段階でもすでに勤労収入では支出をまかなえず、資産を使いながら運用することになります。すでに「使いながら運用する時代」に入ったことになりますから、この人の場合は55歳が「退職」時期だと言えます。

もちろん、生活費の水準も下げて、なんとか減った収入だけで生活することもできるはずです。「積み立てながら運用する時代」は終えているため「退職」であることは変わりませんが、厳密には「使いながら運用する時代」ではない。収入と支出がイーブンで、資産を使わずに済みます。

仮に55歳で「退職」して、65歳までこの給与水準で働けるのであれば、55歳から65歳までは、資産の引き出しを必要最小限度、または、まったく引き出さないで過ごすことができるでしょう。そうなれば、60歳まで働いていたものの、そこから65歳まで無職（無収入）で資産を引き出さざるをえない人より、資産の引き出し総額は少なくて済むかもしれません。

そう、幕間《まくあい》をつなぐように「勤労収入＝支出」の時期を長く作り、「使いながら運用する時代」の走りとして「使わないで運用する時代」を想定することが、資産を長持ちさせるという観点からはとても大切になります。これはつまり、41ページの図でみた「お金と向き合う3つのステージ」において、ステージ2「使いながら運用する時代」をさらに2つに分割し、4つのステージにしていこうとする戦略です。

会社にしがみつくことの危険性

ちなみに、「資産活用世代のお金との向き合い方」アンケートでは、60歳になる前に「退職」している人が3分の1いました。このうちの多くはきっと、役職定年とともに関連会社や子会社に転籍して大幅に年収が減っている人だろう、と推測しています。

しかし、年収は大きく減らしたとしても、65歳までの収入を担保《たんぽ》できていれば、長い退職後生活の中でも意外に〝いい方法〟を見つけていると言えるかもしれません。

同期入社のAさんとBさん、55歳の年収はともに600万円でした。Aさんは60歳まで働き、退職直前の年収は変わらず600万円。一方Bさんは、55歳で関連会社に転籍となり、年収は3分の2の400万円に下がりました。けれども、そのままの年収で65歳まで関連会社で働けることになりました。

さて、AさんとBさん、どちらが退職準備にとって好ましい条件となるでしょうか。

55歳から65歳までの年収を考えてみると、Bさんは年収400万円を10年間受け取るので合計は4000万円。Aさんは55歳の時点から60歳までの5年間は年収600万円、合計で3000万円を受け取ることになりますから、残りの5年間で1000万円、年収200万円で働けばいいことになります。

結果として、Aさんのほうが、年収総額ではBさんを上回る可能性が高いと言えます。

そして、「退職後、1年間にかかる生活資金」を退職直前年収600万円の68％、408万円と想定します。

このように、退職後の1年間に必要な生活資金のことを「退職後年収」と呼びます。本書の中ではたびたび登場しますが、これは「Retirement Income」を直訳したキーワードです。生活資金なのに「年収」とあえてしているのは、退職後に受け取る資金は勤労収入であれ、年金収入であれ、そして資産の引き出しであれ、「年収」という私たちの持つイメージ、すなわち〝所得税を払う給料〟に近いものなのだと考えてもらいたいからです。

さて、Bさんは55歳で「退職」と考えました。それ以降65歳まで400万円の年収があるので、なんとかこの退職後年収（生活資金）を勤労収入でまかなうことにしました。一方でAさんは、60歳から65歳までの5年間、年200万円の勤労収入では生活に必要な資金400万円強をカバーすることはできません。そこで、資産から200万円ずつ引き出して補填することになります。もちろん、Aさんも60歳以降に年収400万円の仕事を続ければ問題ないわけですし、意識して55歳以降、資産形成も多めにすることも可能ですが、600万円の年収があるうちはなかなか難しいものです。

この差は、ある意味で、退職後の生活をどこで覚悟し、支出を減らすかということに帰結するのかもしれません。

人はなかなか弱いもので、自らの意思だけではなかなかそのための覚悟ができません。「転籍」といった外部要因をネガティブにばかりとらえないで、支出を減らすよいきっかけに活用することができたら、退職後の資産防衛には大きなプラスになりえます。

「退職後」も働くことの大切さはいくら強調してもきりがないのですが、「退職」の定義を「老後の生活のための資産形成に追加資金を回せなくなった時」として、そこから何をめどに働いていくかをしっかり見極めておく必要があります。

繰り返しになりますが、私はこの間の働くルールは、「生活費をカバーする程度の収入を得る」水準に設定することだけでいいと思います。

資産を取り崩すことなく、日々の生活を暮らしていければＯＫ。もちろん、資産形成を続けられるほどに収入を得ることができればそれに越したことはありませんが、まずは「勤労収入＝支出」を目標にすればいいのです。さらに65歳以降は、「勤労収入＋公的年金収入＝支出」とできれば、もう少し資産を引き出さずに済む期間を長くすることができます。

自営業者の４つのステージ

もうひとつ事例を考えてみましょう。

自営業の方にはそもそも定年がありません。その分、自分でいつまで働くかを決められます。

こうした自営業者の方も、資産を作り出す時代の終焉を「退職」ととらえます。それ以降が「使いながら運用する時代」ですが、自営業の方は意外に「使わないで運用する時代」、すなわち「勤労収入＝支出」の時代を長く作ることができると思います。この点は、強みではないでしょうか。

もし、この「使わないで運用する時代」を長い期間で想定できるのであれば、前述したように、お金と向き合うステージを4つに分けるという考え方も可能になります。

「逆算の資産準備」で考えると、「勤労収入＞支出」の現役時代は「積み立てながら運用する時代」で、会社員でも自営業者でも同じです。しかし、「勤労収入＝支出」の時代をより長く想定することで、自営業者は「ステージ1」と「ステージ2」の中間、いわば「ステージ1・5」を準備できるのです。

自営業者は、たとえサラリーマンと同じ60歳まで「積み立てができる時代」だったとしても、徐々に年収が減ってくる中で、会社勤めの人より積み立てることが難しくなるタイミングが早く訪れるかもしれません。また、退職金がないことで、退職後の生活は会社勤めの人より資金面で不利になるでしょう。2015年の退職者8000人アンケートでは、会社員の退職金の平均額は1747万円でした。金額はかなりばらつきが多いのですが、しかし、退職金0円の自営業者

自営業者のための「逆算の資産準備」

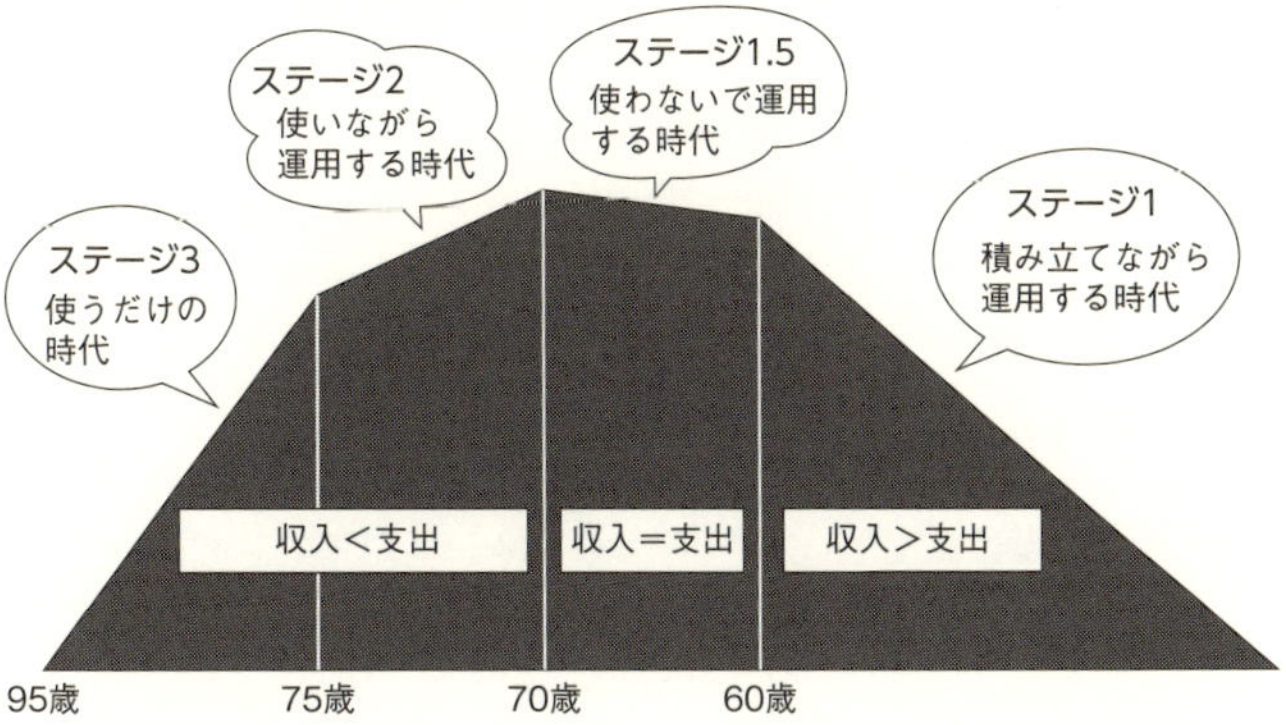

（出所）フィデリティ退職・投資教育研究所作成

と比べれば「1000万～2000万円の資金差」があると考えられるのです。

ちなみに、公務員の退職金の平均値は2438万円です。夫婦そろって公務員という方も多いので、夫婦単位で考えれば、自営業者の夫婦と公務員共働き夫婦とでは、5000万円くらいの資金差が出る可能性があるわけです。

自営業者は、仕事によっては60歳どころか65歳よりも長く働き続けることができるわけで、ここは会社勤めの人よりも有利な点です。その時期をできるだけ長く取ることが大切です。「勤労収入＝支出」の時期を60歳から70歳まで取れれば、60歳までに積み上げてきた資産はその間、手をつけないで運用を続けることができます。

イメージでみれば、ここまでお話ししてきた「逆算の資産準備」が3つのステージのアプローチなら、自営業者のための「逆算の資産準備」は初めから4つのステージのアプローチとなります。「積み立てながら運用する時代」の後に「使わないで運用する時代」、そして「使いながら運用する時代」「使う時代」と続くものになるのです。

ところで、リンダ・グラットン教授は、前掲書『LIFE SHIFT——100年時代の人生戦略』の中で「リカレント教育（生涯学習）」を推奨されていました。リカレント教育に基づく60歳以降の新しい仕事は、よりフリーランスに近いものになる可能性が高いのではないでしょうか。

後述しますが、私が以前より提唱している「退職後は物価の安い地方都市に移住して、無理のない範囲で仕事を続ける」などという、人生設計100年時代の生存戦略は、まさしくフリーランスのスタンスだと言えます。これは、見方を変えれば、4つのステージのアプローチがサラリーマンにも通用する、いや通用させなければならない時代が来ている、ということでもあるのです。

第2の引退は投資からの撤退

次に、「使いながら運用する時代」の終焉時期を考えてみます。「使いながら運用する」というのは、少しずつ引き出していくことですので、「投資から徐々に引退」していくプロセスです。

ということは、「使いながら運用する時代」の終わりとは、投資からの完全引退の時期と言い換えることもできます。

私はこれを75歳と設定していますが、なぜ「75歳」なのでしょうか。「仕事」からの引退に続く、この2つ目の引退の時期は誰にでも訪れます。もちろん、それが75歳なのか、80歳なのか、もっと早く70歳なのかは正直わかりません。セミナーで75歳を「使いながら運用する時代」の終焉とお話しすると、お叱りを受けることがあります。80歳を過ぎてまだ矍鑠《かくしゃく》として投資を続けていらっしゃる方が、「私はまだボケてない。運用をやめろとは失礼だろう」と言うのです。

長く資産運用を継続できるに越したことはありません。その分、75歳で「運用からも引退する」と想定した場合よりも資産の持続力は高まるでしょうから、うれしい限りです。でも、50代後半とか60歳では、将来自分がどうなるか誰にも予測がつきません。少なくとも、医学的には70代後半からはアルツハイマー型認知症の発症率が高くなりますから、計画を立てる段階で安全策を考えておく必要はあるはずです。その意味で、75歳を第2の引退と設定し、60歳から75歳を「使いながら運用する時代」と想定したいのです。

大切なのは、事前にそういう時期を設定して、75歳から資産を引き出すだけになったとしても、それでも資産が95歳まで持続する計画を立てることです。そのための考え方を示すのが、本書の重要な社会的責任でもあると思っています。

ところで、2017年に行った「資産活用世代のためのお金との向き合い方」アンケート調査で、現在投資をしている人に何歳くらいまで投資を続けるかと聞いています。多かったのは、やはり「75歳まで」という回答でした。現在投資をしている退職者2414人のうち、「75歳まで投資を継続したい」との回答は48・4％で最も多く、「できるだけ長く続けたい」（38・6％）、「85歳まで続けたい」（5・4％）と続きます。これらを合計すると、9割以上の人が退職後も投資を継続したいと考えていることがわかりました。

資産が減っていくことを理解する

ちなみに、私も75歳まで投資を続ければ、2034年が投資をやめる時となります。その時までリーマンショックのような「100年に1回」と言われるような暴落が起きないことを願いたいところです。でも、現実にはあるかもしれない。とくに、2034年の直前くらいに起きたら、どうしようと思い悩むかもしれません。

私は、自分自身について考えると、70歳を過ぎてもマーケットの動向に敏感に反応して投資を見直すことができているか自信はありません。ただ、それよりも大事なことは、75歳までの投資を続ける間、どんな心持ちで投資に臨むか、お金と向き合うかということです。

勤労収入が減ってきて、年金だけでは生活できなくなってきた時に、そこから無理をして資産を増やそうと思わないことが重要なポイントです。資産を増やそうとするリスクを取った投資は、万一相場が荒れて資産が減っても、生活を支える年収があるうちならば大丈夫です。その場で運用資産を売却する必要はありませんから、我慢できるのです。しかし、その資産を使い始めた段階で無理な投資を続けた場合、万一相場が荒れた時に生活資金用に使えなくなり、困る事態になりかねません。

「退職」した後は、どうやって投資から撤退するのかを考え始める時期だと思ってください。資産の一部を引き出していくことは、つまり資金を流動化することです。さらに、徐々に資産構成を保守化して、75歳を迎えるまでにはできるだけ市場の変動リスクを受けない資産に変えることです。

退職後、75歳を迎えるまでに時間をかけて徐々に投資から撤退をしていると思えば、無理な投資をすることは避けられます。なにしろ、もう投資をやめようと思っているわけですから。

人は思ったほど早く死なない！

退職後の生活を考える時、最も難しいのは時間の管理です。直截《ちょくせつ》的に言えば、退職後の生活準備というのは、「使う時代」はなるべく短くなるように考えたほうがいいということです。

しかし、だからといって早く死ねばいいというわけではありません。資産活用世代のアンケート調査では7割の人が84歳までの人生設計をしていますが、それでは甘すぎます。前述したように、私たちの世代でも、人生は95年を想定した「人生設計100年」として動かなければなりません。

この10年、15年のギャップは、人生最後の時期で、体は最も弱くなり、生活資金は増える可能性もあるわけです。このギャップは本当に死活問題になりえます。

現役世代の資産形成には時間が大切だと言われます。それは「できるだけ長く運用することが大切」だという意味です。すなわち、「できるだけ長く積み立てを続けること」を肝《きも》に銘《めい》じることだと思います。

さらに、私たちの世代になって、「使わないで運用する時代」も「使いながら運用する時代」も長いほうがいい。「使いながら運用する時代」に入る時期を60歳ではなく、61歳に、62歳に……とできるだけ延ばします。さらにその終焉の時期を75歳ではなく、76歳、77歳と後ろ倒しにします。その結果、95歳を迎えるまでの「使う時代」を短くしていくのです。

時間との戦いに負けたくありません。

これに負けて自助で生活する資力を失うと、最後に子供に頼ることになりかねません。子供に扶養《ふよう》されるようになれば、余計な負担をかけ、結果、子供の生活まで崩しかねません。

私は、2010年に「老後難民」という言葉を使って、退職後の生活の危険性に警鐘を鳴らしました。自身の厳しい状況を打開するために子供に頼ると、その子供も自分の充分な老後資金形成を妨《さまた》げられ、将来、「老後難民」に陥りかねません。世代をまたぐ「老後難民」の連鎖は何としても避けたいと思いませんか。

自分も、家族も資金を持って楽しい人生を長く続ける、それは人々に共通する究極の願いです。

第2章　退職後に必要な生活資金を計算してみよう

退職後年収＝支出

「逆算の資産準備」という考え方の基本がおわかりいただけましたでしょうか。

次に本章では、具体的に自分の資産形成・資産活用のターゲットを決めるために必要な生活費の総額について考えていくことにします。

現役時代は、年収が生活水準を決める大枠でした。しかし、退職後はこの枠が外れます。そもそも勤労収入だけでは生活はまかなえませんし、公的年金だけでも無理です。そのため、自分の資産から少しずつ資金を引き出してその不足分を埋めることになります。

式にして比較してみると、

現役時代の年収　＝　勤労収入
　　　　　　　　＝　消費支出＋税金・社会保険料＋資産形成

退職後年収　＝　勤労収入＋年金＋資産からの引き出し
　　　　　　＝　消費支出＋税金・社会保険料

現役時代の年収と退職後年収の差異

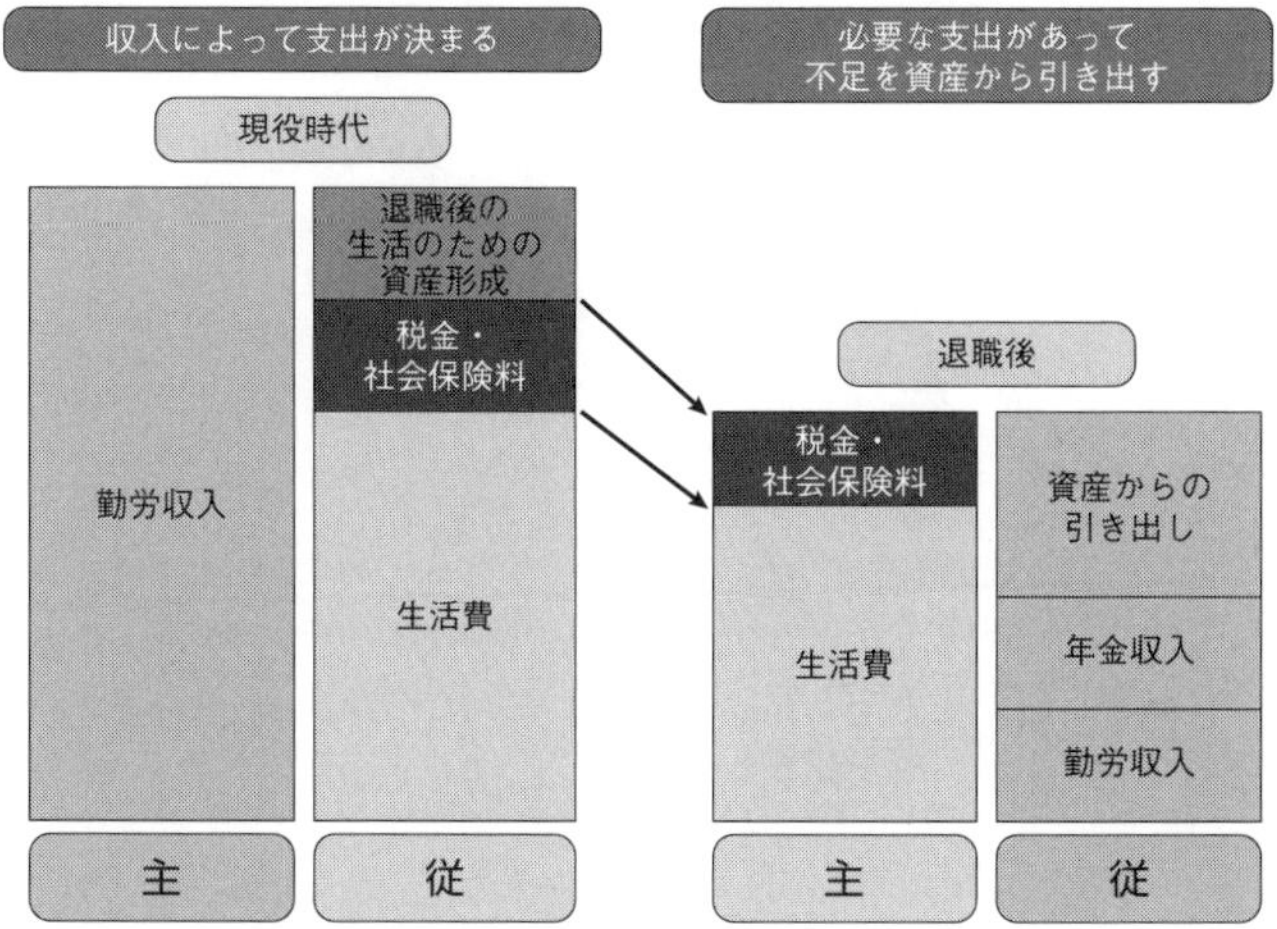

（出所）フィデリティ退職・投資教育研究所作成

ということになります。

運命を左右する支出コントロール

現役時代は、収入は勤労収入だけですが、退職すると公的年金が収入の柱になり、一部勤労収入や、それでも足りなければ資産からの引き出しでまかなうようになります。また、現役時代は勤労収入のうちいくらかを資産形成に回しますが、退職後はそれもできません。

退職後の収入面を考えてみましょう。ある程度金額が読めるのは公的年金だけですから、生活のための支出からこの公的年金を差し引いた金額を、働くことと資産からの引き出しでまかなうという図式になります。すなわち、「資産からの引き出し

＋勤労収入＝支出－年金」ということになるのです。そして、年齢を重ねて勤労収入がゼロになった時には、「資産からの引き出し＝支出－年金」と変わります。

ここからわかるのは、年金で足りない分を〝資産から引き出さなければならない〟という形に変わることです。勤労収入の中で支出を考えてきた現役時代と違って、退職後は支出が先にあって、年金で不足する分を資産から引き出すという主従逆転の形になります。

そこでまず、「支出」の総額を考えていくことにしましょう。

「老後に1億円必要」は本当か？

老後に1億円必要。こういった雑誌のタイトルはよくみかけます。

２０１７年８月に６０００人ほどの退職者と、同じ規模の退職直前の人、合計で１万２０００人に「資産活用世代のためのお金との向き合い方」アンケート調査を行いました。その中で「退職後の年間の生活費総額はどれくらいか」について聞いています。回答してくれた65歳から69歳の２１７１人の中央値は３３４・６万円。すなわち、退職後年収の中央値が３３４・６万円ということです。

年間３３４・６万円は月額30万円弱ですから、苦しいというほどの生活ではありませんが、それほど派手な生活でもありません。有料老人ホームを想定すると、夫婦それぞれ15万円ずつ。これでは都内ではかなり厳しい水準です。さて、これが60歳から95歳まで続くことを想定すると、その総額は1億1725万円になります。

また、厚生労働省の平成28年老齢年金受給者実態調査で「夫の年齢階層別世帯支出平均額（月額）」をみると、60〜64歳27・5万円、65〜69歳25・8万円、70〜74歳24・7万円、75〜79歳23・9万円、80〜84歳22・3万円、85〜89歳23・4万円、90歳以上26・4万円でした。この数値をもとに、60歳から95歳までの35年間を計算すると、1億440万円。

いろいろな計算を行っても、35年を想定すると総額で1億円を超えることは避けられないと思います。

必要な生活資金は一律ではない

ところで、これらの計算はすべて〝平均〟を使って算出しています。平均の値を使うということは、原則を考えるにはいいかもしれませんが、自分自身のことを考えるには正しくありません。

よくマネーセミナーなどで「老後のゆとりある生活には月三十数万円が必要です」などと言われることがあると思います。私はこれを聞くと、「その金額が誰にでも当てはまるのか」と、いつも心の中で突っ込みを入れます。そんなことは絶対にありません。それぞれに必要金額はまったく異なるはずです。

私が大学を卒業してから35年経った２０１７年には、５年に一度の同期生全体の同窓会がありました。私も幹事の一人だったのですが、35年も経つと、それぞれいろいろな人生を送ってきたことがわかります。大学教授（なかには学長）になっている者もいれば、ラーメン屋をやっている者、小説家になった者もいます。もちろん、サラリーマンがいちばん多いように思いますが、それでも、私を含めて多くの同期が複数回の転職をしています。

そのようにいろいろな人生を辿《たど》ってきた人たちが、それぞれの退職後の生活を迎えた時に、一律の資金で「生活できる」と言われることにはかなり違和感を覚えます。それぞれの生活水準に合わせて、いくらくらい退職後の生活資金が必要になるのか、まずはここから計算していきたいと思います。

老後の生活費は「率」で考える

フィデリティ退職・投資教育研究所として退職準備に関するたくさんのアンケート調査を行ってきた中で、明らかになった事実がひとつあります。それは、「年収の高い人ほどより多くの退職後の生活資金が必要だと考えている」ということです。

欧米では、Income replacement rate とか Target replacement rate という数値があります。

私は「目標代替率」と訳していますが、これは退職直前の年収を前提に、老後の生活資金、または「退職後年収」はその何パーセントになるかという分析です。言い換えると、現役時代に高い年収をもとに〝いい生活〟をしている人は、退職してからも現役時代の年収の高さをもとにして「それなりの生活」をしているということです。

それは、何も悪いことではありません。現役時代は、がんばって仕事をして年収を上げようとします。年収が上がればその分、良い生活をしたいと思うものです。マンションを買ったり、便利な街に住んだり、子どもの学校を選んだり、時々家族そろって外食をしたりと、年収に合った生活パターンを作ります。退職したからといって、そうしてできあがった生活スタイルをそう簡単には変えられないというのが、この考え方の前提にあります。

この数値の持つ意味は、「退職後の生活は現役時代最後の生活水準に規定される」という考え方です。そう、それぞれの人生がある中で、退職後の生活資金も一律で議論するのは正しくないということです。

3つの掛け算で生活資金総額を

ここでカギとなるのは、繰り返しになりますが、「現役時代の年収が高い人ほど、退職後の生活費総額も多く必要だと考えている」という点です。それをわかりやすくみたのが、71ページの図表「退職準備を考える際の3つの掛け算」です。これがわかると、自分の退職後の生活設計を整理しやすくなります。

まずは退職直前年収を考えてください。私は59歳ですから、今年の年収が退職直前年収ということになります。いや、もう少し働くつもりですから、退職直前年収はもう少し先になるかもしれません。ともかく、現在50歳の方でも、会社員ならば、先輩たちの姿から退職直前の年収はほぼ正確にわかると思います。現在の年収から退職直前年収を推測できるわけです。

それがわかれば、次は「目標代替率」です。退職直前年収に対して、どれくらいの水準の退職後年収（退職後、1年間に必要な生活資金）を想定するかで計算しますが、これは〝人それぞれ〟になります。とはいえ、まずは標準値を想定して、そこから自分に合った水準を模索していくことが大切です。これは、退職後の生活設計にとって非常に重要なところなので、後程じっくり議論していきましょう。

そして、その生活が何年続くかを考えるのが「退職後生活年数」です。この2つの数字、「目標代替率」と「退職後生活年数」がわかれば、退職後の生活資金総額を計算できるというわけです。

「そんなの、実際に生活してみないとわからないだろう」

と思ったそこのあなた、確かにその通りです。でも、それを計画して迎えるという点が大切な

退職準備を考える際の3つの掛け算

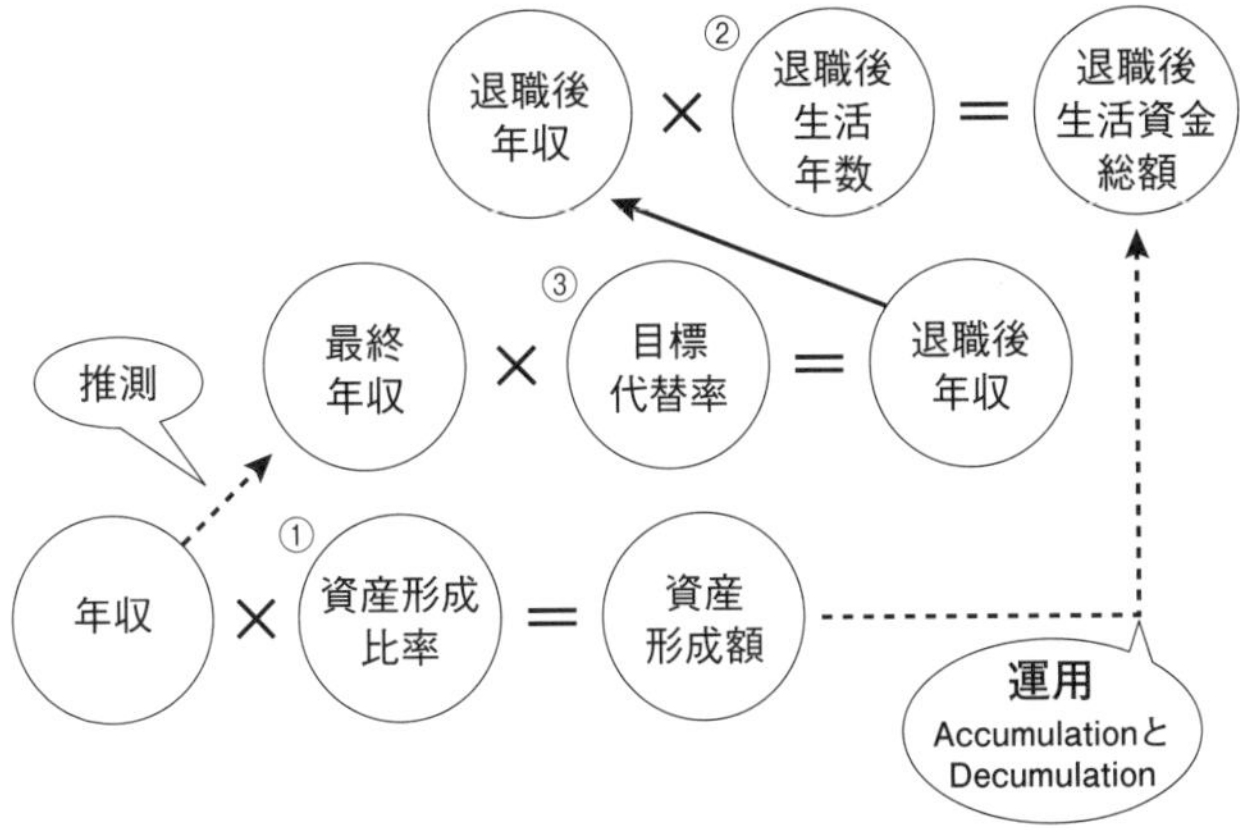

(出所) フィデリティ退職・投資教育研究所作成

のです。そして理解して欲しいのは、前述したように、みんな同じ退職後年収、退職後生活資金総額ではない！　ということです。

ついでにですが、年収が高い人ほど退職後の生活資金が多く必要だということは、年収の高い人ほどたくさん資産形成をする必要がある、ということでもあります。そこで、年収に一定率の「資産形成比率」をかけて資産形成のための資金額を考えることも必要です。こうすると、年収が増えた分、資産形成額も自動的に増えるという考えです。

これは、50～60代の私たちにはもうちょっと遅いかもしれませんが、まだ間に合う子どもも世代にぜひ伝えておいてください。

これを掛け算で表したのが、上の「退職準備を考える際の3つの掛け算」です。

目標代替率とは

71ページの図表をもう一度みてください。実は、この3つの掛け算の中で、自分が選べるのは3つだけです。

1つは、「①資産形成比率」です。年収の何%を資産形成に回すかということですが、これは現役時代の課題であるため、ここではとくに触れません。

D世代、つまり退職後の資産を引き出す世代の生活の中では、残り2つがコントロール可能で重要と言えるでしょう。

まず、いちばん上の掛け算の「②退職後生活年数」です。

生活総額を減らすためにはこの年数を短くする必要がありますが、「早く死んで年数を減らすこと」ではありません。終わりの年齢を早めるのではなく、始まりの年齢を遅らす＝長く働くことで、年数全体を減らすという発想です。これについては、第1章で「勤労収入＝支出」の時期を長く取る、といった発想の中で議論してきました。

2つ目は、2段目の掛け算の「③目標代替率」です。

これは、退職したら生活費をどれだけ削減できるかにかかっています。「毎月いくらで生活する」という議論ではなく、これから30年、35年の中での大きな波も見越して、ざっくり年間どれくらいの生活費を必要とするかを想定することが大切です。

そこでまず、「目標代替率」を考えてみることにします。

60歳で「退職」して、その直後の退職後年収を現役時代と比較して考えてみます。現役時代と大きく変わっているのは、もはや老後のための貯蓄をする必要がないということ。いえ、もうそれほどの収入がないため生活費に回すだけで精一杯になる、ということが最大の変化です。

現役時代の年収とその水準を比較すれば、貯蓄に充《あ》てる分がなくなるだけでも、現役時代の年収よりも大きく減ることがわかります。たとえば、現役時代に年収の20％を老後の資産形成に回していた人（資産形成比率20％）は、それだけで退職後年収が退職直前年収の80％に下がることになります。

それに、非消費支出である税金と社会保険料は課税所得に対してかかるものですから、税金のかかる収入が公的年金と企業年金からの受け取り部分だけとなれば、非消費支出もかなり少ない負担で済むようになるはずです。

そして、最後に消費そのものの水準です。高齢になれば外出も少なくなるし、食事も少なくなるでしょう。２００９年の家計調査をもとにフィデリティ退職・投資教育研究所で計算したところ、65歳以降の高齢者の生活費は29・２万円で、50代後半の生活費35・３万円と比較して83％の水準に低下していることがわかりました。

年間支出は「現役時代の7割」

こうしたすべての支出を想定して、退職後年収（＝年間の支出）が退職直前の年収に対してどれくらいの比率になっているかをみたのが「目標代替率」なのです。

まず、先に米国や英国の「目標代替率」を紹介しましょう。前出のリンダ・グラットン教授の著書『LIFE SHIFT』の中では、この目標代替率として50％を想定しています。現役時代の半分の生活資金総額（税金や社会保障なども含んだ生活費）が議論の前提になっているということですが、残念ながら50％という低い数値は、あまり現実的ではありません。これでは、とても納得できる退職後生活はできません。

米国の会計検査院の調査結果（２０１６年３月）によると、米国では70～85％が最も多いということでした。会計検査院の分析対象になったのが６３０本の研究やデータで、そのうちの４８９本で数値が出されており、そのうちの約６割、２９０本で「目標代替率」を70～85％とみているのです。

こうしたデータは、年金や社会福祉制度の基本条件として分析する対象ということなのでしょう。それにしても米国では、こうした目標代替率の計算などが非常に多く行われていることが印象的です。

また、英国では、2002年に政府の諮問で設置された年金委員会がその調査報告書で「目標代替率は3分の2が目安」としています。

日本の数値はあまりみたことがありません。グーグルで「目標代替率」を検索すると、私が書いた論文や記事以外にはほとんど出てきません。あまり使われていないこともあって、計算もされていないようです。

そのため、2009年の家計調査をもとにフィデリティ退職・投資教育研究所が日本の「目標代替率」を推計しています。その値は「68%」。すなわち、退職後の年間で必要な生活資金額は、退職直前の年収の7割弱になるというものです。

2009年の家計調査をもとに算出したものですから、10年ほど経ったことで再考する必要もありそうですが、まずは7割程度を使って退職後年収を想定することからスタートしていきましょう。

コラム①目標代替率68%を検証

▼68%の目標代替率は誰にでも通用するのか

自分の目標代替率を探すことにもう一歩進んだ考え方があります。「68%という目標代替率がすべての年収帯の人に当てはまるのか」という点を突き詰めていく方法です。

年収が上がるほど「目標代替率」は下がる

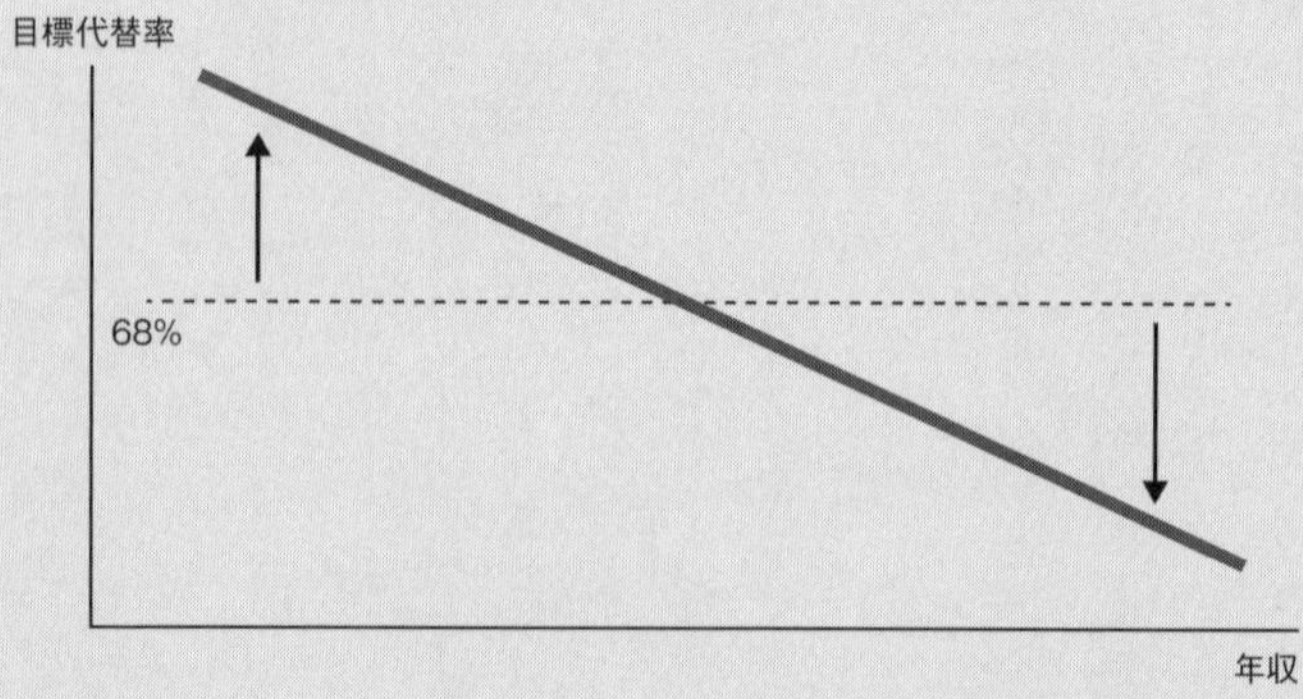

そもそも、「老後の必要資金として一律の〝金額〟がすべての年収帯の人々に適応するものではない」という前提で、年収に対応する目標代替率を提示したわけですが、年収帯によって目標代替率自身が変わるとすれば、もう一歩議論を進める必要があります。

年収３００万円の人で68％の目標代替率を使うと、退職後は２０４万円で生活することになります。月額は17万円です。一方、年収１０００万円の人は、同じ68％を使うと退職後には６８０万円、月額では57万円必要です。

もちろん、現役世代の年収が３００万円の人と１０００万円の人ですから、退職後の生活水準自体もかなり違うことは間違いありません。しかし現実的には、年収３００万円の人の退職後の生活費はもう少し高くなるでしょうし、年収１０００万円の人はこれほどまでの生活費は必要ないように思えます。

所得の低い層は、現役時代に税金や社会保険料はそれほど多く支払っていなかったはずです。そのことを考えると、退職したからといって生活費が大きく減ることは考えにくいところです。また、現役時代にそれほど貯蓄ができていないとすれば、退職してその要素がなくなったとしても大きな負担減にはなりません。

そう考えると、所得の低い層は退職によって税金・社会保険料、それに貯蓄の減少分がそれほど多くなく、その結果、目標代替率が大きく下がる要素は少ないのです。極論すれば、68%ではなく100%に近い水準にもなりうると言えます。

一方で所得の高い層は、現役時代に相対的に多くの貯蓄を行う余裕があり、また支払う税金や社会保障費も所得に応じて多いことから、退職後にこの2つの負担が減ることの影響は大きいだろうと理解できます。結果、高所得者層では68%よりも低い目標代替率となる可能性が高くなるのです。

米国での先行研究などでは、所得の低い層から高い層に向かって目標代替率が減少するといった分析もあります。私たちは、こうした所得層による目標代替率の違いも考慮する必要があるでしょう。

残念ながら、「退職後のゆとりある生活には三十数万円」といった誰にでも同じ金額が使

退職者の退職直前年収と退職後年収からみる目標代替率

（単位：万円、人、%）

退職直前年収	レンジ中央値（万円）	回答者数（人）	退職後年収平均値（万円）	退職後年収中央値（万円）	目標代替率中央値で算出（%）
0円	0	20	105.0	0.00	—
1円-50万円未満	25	37	256.8	124.0	496.0%
50万-100万円未満	75	47	238.8	97.6	130.1%
100万-150万円未満	125	85	237.4	127.5	102.0%
150万-200万円未満	175	130	272.1	173.4	99.1%
200万-250万円未満	225	166	330.1	211.8	94.1%
250万-300万円未満	275	200	288.8	249.0	90.5%
300万-350万円未満	325	216	324.8	255.1	78.5%
350万-400万円未満	375	272	362.5	276.1	73.6%
400万-450万円未満	425	221	350.3	315.4	74.2%
450万-500万円未満	475	287	364.6	317.0	66.7%
500万-750万円未満	625	892	444.8	354.2	56.7%
750万-1000万円未満	875	849	542.6	416.6	47.6%
1000万-1500万円未満	1,250	539	666.3	487.1	39.0%
1500万-2000万円未満	1,750	131	873.5	730.3	41.7%
2000万円以上	2,250	64	1,378.5	1,415.7	62.9%

（注）退職者だけを抽出して算出
（出所）フィデリティ退職・投資教育研究所、「資産活用世代のお金との向き合い方」、2017年9月

われるようなライフプランがまかり通っている日本では、まだ「比率」で考える目標代替率の議論さえあまりできていない状況です。その一歩先にある、年収帯別の目標代替率という考え方には、まだまだ関心を持たれていないというのが現状なのです。

▼日本でも年収帯別に目標代替率が違う

ここまで何回か紹介してきた、２０１７年8月に実施した1万２０００人強の50～69歳に聞いた「資産活用世代のためのお金との向き合い方」アンケートでは、退職者の退職直前年収と退職後年収（＝退職後の実際の生活費）の比率を比較することができました。たとえば、退職直前年収３００万～３５０万円だった３２５人の方の退職後年収の中央値は２５５・１万円で、ここから算出する目標代替率は78・５％。退職直前年収５００万～７５０万円層の６２５人では、目標代替率が56・７％となりました。

前出の68％と比べると、前者は10ポイント以上高くなり、後者は10ポイント以上低くなっています。しかも、退職直前年収が高くなるにしたがって目標代替率が低下することもわかりました。

退職後に必要な資金総額

退職直前年収 600万円 × 生活費レベル 68% × 生活年数 35年 ＝ 退職後の生活資金総額 14280万円

退職後35年間でやはり1億円超

さて、それでは読者のみなさんご自身の退職後年収を計算してみてください。

それぞれに自分のデータを入れていただくことが大切ですが、話を進めやすくするために、サンプルを考えましょう。

59歳の年収を、仮に６００万円と想定してみます。ちなみに、国税庁の平成28年民間給与実態調査によると、50代後半の男性の年収は平均で６４９・３万円ですが、退職者アンケートで回答してくれた４５７３人の退職者の退職直前年収の中央値は６１１万円でした。

そして、「目標代替率」を68％と想定します。

すると、退職後年収は４０８万円となりますから、これを60歳から95歳までの35年間で計算すると、退職後の生活資金総額は1億４２８０万円に達します。

この金額だけみてしまうと驚くほど大きな金額と言えます。

公的年金をチェックしよう

ここまでで、「資産からの引き出し＋勤労収入＝支出－年金」の計算式のうち、支出に関する計算をしてきました。次に検討するのは「年金」です。

みなさんは公的年金をどれくらい受け取っていますか。または受け取る予定ですか。

毎年、誕生日月に日本年金機構から「ねんきん定期便」が送られてくると思います。これを確かめればすぐにわかります。ご夫婦それぞれに送られてきますから、夫婦で計算する場合には２人分を合算してください。また最近では、「ねんきんネット」からでもわかるようになっています。自分の受け取れる年金がわかっていない方は、まずはその金額を知ることから、退職後の生活準備の第一歩が始まります。

これは平均値ですが、平成28年度の厚生年金保険・国民年金事業の概況からデータを引用してみます。企業に勤めている夫と専業主婦の夫婦を想定すると、厚生年金保険平均年金月額（第１号）は65歳時で14・６万円、国民年金の平均年金月額は５・７万円で、２人合わせると20・２万円でした。この場合の現役時代の年収を、これも同概況から推計すると、男性の総報酬ベースの年額が５０１万円です。

共働きであれば、男性の老齢年金平均年金月額は17・７万円、女性は10・９万円ですから、こちらは合計すると28・6万円となります。その場合の総報酬ベースの年額は、男性が501万円、女性が329万円でしたから、合計で830万円ということになります。この2つのデータから、年収で600万円だったこの家庭を、当初働いてその後一度専業主婦になり、再び職場復帰したと仮定し、専業主婦家庭と共働き家庭の平均として計算してみます。月額24万円です。

ちなみに、わが家の場合には、厚生年金を含めて65歳以降、夫婦合計で263万円、月額22万円くらいだと推計しています。

「資産活用世代のお金との向き合い方」アンケートで、退職者のうち65歳から69歳までで公的年金の受取金額を明示してくれた2290人のデータを分析してみました。平均は200・9万円ですが、2290人のうち150万円以下は547人で全体の23・9%、150万~200万円が360人で15・7%、200万~250万円が523人で22・8%、250万円以上が860人で37・6%でした。回答者の3分の1は250万円以上でしたから、わが家の水準は中央値より多いとはいえ、「まあ普通」といったところでしょうか。

また、このアンケートで65歳以上のシングル世帯の年金受取額の平均も出してみました。2290人のうち、未婚156人の平均は148・6万円、既婚で配偶者なしの206人の平均は141・1万円でした。年金受取額が少ないこともさることながら、60代後半でシングル世帯が15・8%を占めていることにも驚きました。この点は、別に議論する必要がありそうです。

自助努力でいくら必要なのか？

退職直前年収		生活費レベル		生活年数		退職後の生活資金総額
600万円	×	68%	×	35年	＝	14280万円

月額年金受給額		年間月数		受給年数		退職後の年金受取総額
24万円	×	12カ月	×	30年	＝	8640万円

自助努力 ＝ 5640万円

（注）考え方が分かるように仮定の数字で計算しています。

自助努力は５６００万円

「資産からの引き出し＋勤労収入＝支出－年金」の計算式に、自分の計算した支出と公的年金を入れてみてください。

サンプルとして、支出として退職後の生活必要総額１億４２８０万円を入れ、公的年金の受取額を月額24万円として計算し、65歳から95歳までの30年間の受給総額８６４０万円を入れると、差額は「５６４０万円」となります。これが「資産からの引き出し＋勤労収入」で、言い換えると、自助努力で用意しなければならない資金総額ということになります。

退職後の生活は年間で４０８万円。公的年金が受け取れるまでの5年間は、この金額を継続して働くことを含めすべて自助努力でまかない、65歳以降はそのうち２８８万円を公的年金でまかない、残りの１２０万円を自助努力でカバーする構図と言い換えることもできます。

ちなみに、企業年金や退職金はどうするのかとよく聞かれますが、退職一時所得として引き出してしまえば「資産」に組み込まれますから、合算です。年金受け取りにしても10〜20年の有期だったりしますから、「定期的な資産からの引き出し」と考えたほうが安全です。

「年金だけで生活」は難しい

ちょっと脱線しますが、以前はセミナーで資産運用の話をすると、「年金の範囲内で生活するから大丈夫だ」と言われることがよくありました。実際、私の両親は、年金のほかにはほとんど収入がありません。それでも、私よりいい暮らしをしているくらいです。こうした例から、無理をしなければ生活できる、という高齢者は多いのでしょう。たしかに、公的年金で月額20万円台後半の水準を受け取れていれば、67ページで述べた月額支出の平均的な暮らしができます。

ところが最近では、セミナーでそうした反論を聞くことはなくなりました。公的年金への不信感が募《つの》っているのか、それとも、以前よりも投資に対して前向きになっているのでしょうか。実際問題として、年金の範囲内で生活することが現実的ではなくなっているからだと思います。

厚生年金の受給額の計算には現役時代の年収が考慮されていますが、上限が決まっています。そのため受給額が頭打ちになります。実際には、多くの世帯が年間３００万円未満だと思います。現在の生活を前提にすると、これから退職を迎える人、または退職したばかりの人で、「これだけで生活できる」と言い切れる人は少ないと思います。

コラム②退職後の税金

▼「退職後の年収」には税金がかかる！

「あなたの口座から資金を引き出す時にも税金がかかるようになります」

突然、こんなふうに言われたら驚くでしょうか。怒るでしょうか。

読者のみなさんは、退職後の生活費をまかなう３つの収入源、「勤労収入」「年金収入」「資産からの引き出し」に関してかかる所得税をご存じですか。

勤労収入が所得税の対象になることは現役時代から続いていることなので、わかりやすいはずです。また、公的年金も受け取りには所得税がかかることも想像がつくかもしれません。公的年金の受け取りは課税対象です。もちろん公的年金等控除がありますので、誰もが所得税を支払うことになるとは言い切れませんが、ほかの収入と合算すると、社会保険料や住民税など意外に負担がかかるものです。

しかし、自分の資産の引き出しに関しても課税対象になるものがあることを知っている人は少ないのではないでしょうか。

確定拠出年金の受取額は、所得として課税対象に換算されます。今注目されているiDeCoも、引き出す時には課税所得として捕捉されます。もちろん、一括で引き出せば退職所得控除を使えますし、年金受け取りであれば公的年金等控除が使えますから大きな税負担はないでしょう。しかし、原則は「確定拠出年金から受け取る資金は課税所得である」と理解しておいてほしいと思います。

最もわかりやすい、「所得税を支払わなければならない引き出し」である確定拠出年金（DC）は、いまだに残高総額でも10兆円程度です。日本の30倍にも上る米国や、2018年までにどんな小さな企業でもすべて企業年金を導入することが義務づけられた英国に比べ、日本はDCがまだ退職後の生活資金の柱に育っていません。だから「退職後年収という言葉が腑《ふ》に落ちない」だけなのです。

しかし、iDeCoが注目され、拠出額が引き上げられ、米国や英国並みに個人金融資産の1割程度に残高が拡大すれば、100兆円の規模になることも十分に期待されます。その時には、この資産からの引き出しが課税所得になることがはっきり認識されるはずです。そのためにも「退職後年収」という視点は大切なのです。

第3章　退職後の生活費をいかに減らすか

退職後130万円の収支ギャップ

第2章で「5600万円」と計算された自助努力の資金はあまりに大きいものでした。そこで、本章ではまず、この金額をいかに引き下げるかを検討します。

ここまでで2つの数字を考えてきました。「退職後年収」と「公的年金」です。

2017年8月の「資産活用世代のお金との向き合い方」のアンケート調査から、この2つの数字について「65歳以降335万円の〈退職後年収〉が必要だが、公的年金は200万円程度しかない」ということがわかってきました。この結果から、「130万円強をほかの収入源から見つけ出さなければならない」という計算になります。すなわち資産からの引き出しです。

公的年金を受け取れる65歳から95歳までの30年間を想定すると、年間130万円なら公的年金以外に3900万円の資金が必要です。もちろん、60歳で定年を迎えていれば、65歳までの5年間は335万円をまるまる用意しなければなりません。その総額は、335万円の5年分で1675万円になります。この2つを合計すると、5575万円です。

これは、先に「3つの掛け算」を使って計算した自助努力の金額約5600万円とほぼ一致しています。これが、ここから私たちが想定していくひとつのターゲットと考えていいでしょう。「退職」までにある程度の資産をつくっておく必要があることは言うまでもありませんが、それ

明らかになったリアルな実態

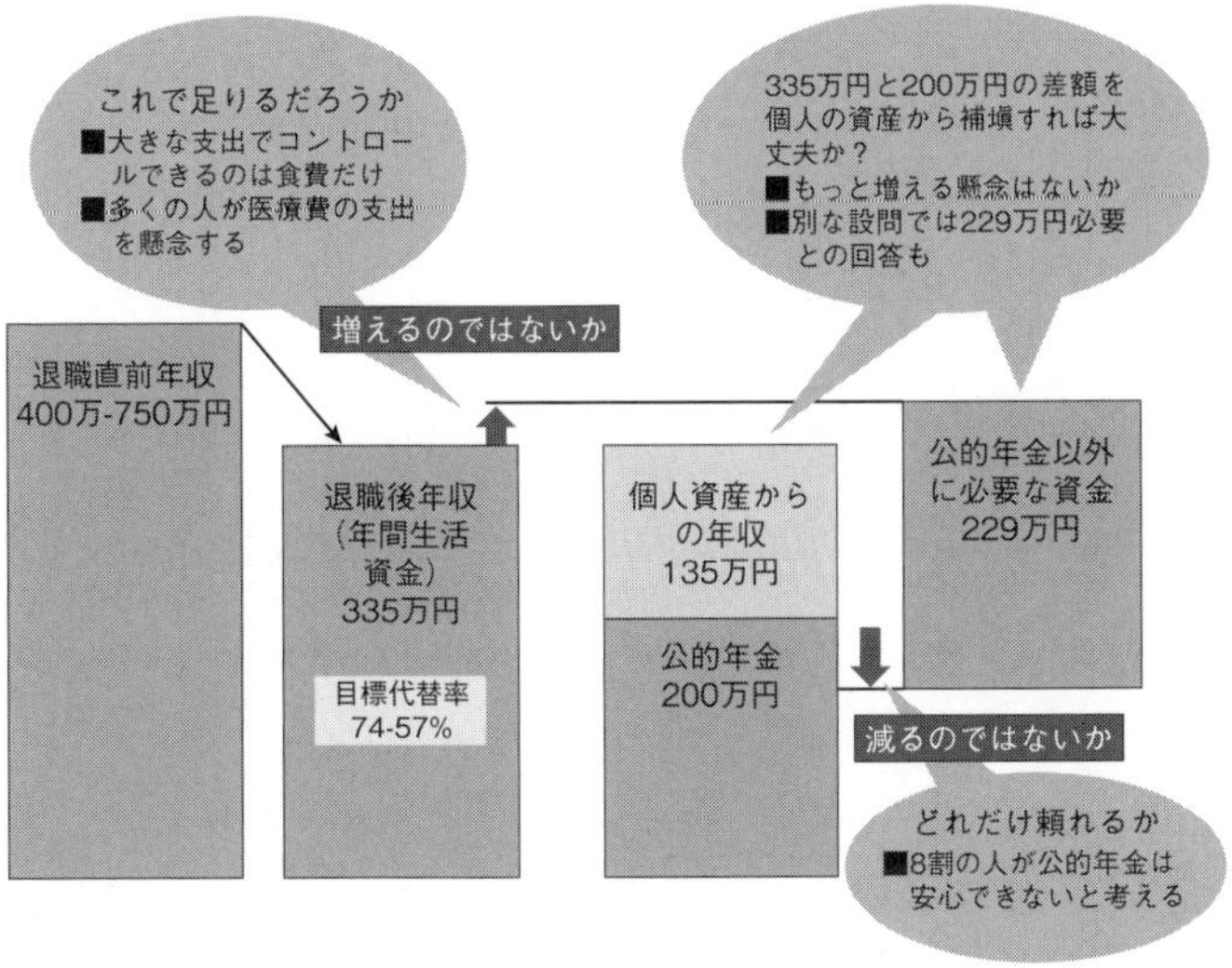

（出所）フィデリティ退職・投資教育研究所、「資産活用世代のお金との向き合い方」、2017年9月

にしても約5600万円という金額は決して少ないものではありません。

改めて「資産からの引き出し＋勤労収入＝支出−年金」の式で考えると、第1章でまとめたように、勤労収入をいかに長く得られるようにするかが大事であることがわかります。本当に、60歳を過ぎても働かなきゃいけませんね。

医療・介護費というリスク

ところで、もし、公的年金以外に必要な毎年の資金が想定より多く必要になったとしたら、自助努力の資金総額はさらに大きくなります。

まずは資金を減らす対策の前に、5

600万円で本当に大丈夫だろうか、という点について検討しておきたいと思います。

先ほどのアンケート調査では、直截的に「公的年金以外に必要な資金は年間でどれくらいですか」ということも聞いています。平均値は229万円でした。

退職後年収と公的年金の受給額から推計した金額130万円と、直接聞いた公的年金以外に必要な金額約230万円の間には100万円のズレが！　さらに、先ほどと同様に、年間230万円で65歳から95歳までの30年間使うとすれば、総額は6900万円。60歳から65歳までの総額は、公的年金の受給中央値200万円分も合わせて、退職後年収が約430万円とすれば2150万円。合計すると9050万円。これは、かなり大きなギャップです。

この差は、いったいどこから出てくるのでしょうか。可能性は2つあります。退職後年収が回答した以上に必要になるという懸念と、公的年金が想定ほど受給できない懸念、です。

退職後の支出で最も懸念するのは何か聞いたところ、4割の人が「医療費」と答えています。

当然ながら、高齢になるにつれて医療費や介護費などは増えるだろうと誰もが想定します。しかも、何かあった時にはそれ以上にかかる可能性が高いことも容易に想像できます。入院、手術、さらには介護施設での生活。どれをとっても現役時代よりも長引く可能性があり、その分コストも多くかかる懸念があります。

さらに医療費の自己負担も、このままでは現役者の負担が毎々重くなるため、今後は引き上げられる可能性がかなり高いと思われます。少子高齢化の影響は健康保険を直撃しますから、現在のように75歳以上の自己負担率1割は、それほど遠くないうちに2割、3割へと引き上げられる懸念が強いでしょう。

そうなれば、先に335万円で想定した退職後年収はかなり増えることになります。有料老人ホームでの生活が始まったとしたら、月額30万円の定額コストだとしても、それだけで年間360万円。でも、これはあくまで1人分です。夫婦2人の生活だとその2倍かかるわけで、かなりの想定外支出になりますね。

一方で、逆に公的年金の支給額が年間200万円より減る、と考えている可能性も高いと思います。実際、アンケート回答者の8割が「公的年金は安心できない」と回答しています。

5年に1回行われる年金財政検証では、現役世代の年収の増加を想定し、公的年金の名目受給額が大幅に増える計算になっています。しかし、現役世代の年収との比較でみると、公的年金の実質評価額は2割減なのです。

もちろん、この推計に対し、想定ほど景気回復は見込めないという批判がかなり出されましたが、その場合、現役世代の給与の伸びは抑制されます。それに合わせて財政事情も厳しくなり、年金受給額も減ることが容易に想定されます。実質2割減どころか、それよりも大幅に減少する可能性も考えておくべきでしょう。となれば、当然ながら公的年金の受給額減少で、資産からの引き出しは「130万円では足りない」と思っている可能性も十分あるでしょう。

節約できるのは食費だけか⁉

受け取る公的年金の受給額が減るのであれば、頑張って退職後年収、すなわち生活費を下げるということも考えるべきです。

アンケート調査では、「もし退職後の生活で経費を引き下げるために追加で行うとしたら何をするか」を聞いていますが、「さらに節約を進める」という人が5割を超えました。また、3割の人が「健康を維持して医療費の増加を抑える」と回答しています。

さて、これは抜本的な解決策になるでしょうか？

追加の節約で減らす支出分がギャップと同額とすれば、年間100万円以上になります。335万円の生活費の中で100万円分を「節約」するとなると、とても大変な気がしませんか。

さらに、「退職後の生活で大きな支出」を聞くと、1番は26・6％が挙げた食費、2番は22・3％が挙げた税金・社会保険料、そして3番目は17・5％が挙げた医療費です。この断トツ3つをターゲットに「節約」をすることになります。ちょっと考えても、医療費は先ほど「増えるかもしれない」と懸念した支出ですし、税金や社会保険料は努力で減らせるものではありません。

とすると、追加で節約できるものは〝食費だけ〟です。しかし、食費を100万円分減らすことなど、はたしてできるものでしょうか。

生活資金を引き下げる効果

食費を大きく減らすのはとても難しいと私は思っています。しかし、方策はあります。個別の支出項目を考えるのではなく、「目標代替率を包括的に引き下げる」という方法です。

まずは、目標代替率を引き下げる効果を数字で実感してみましょう。前述のサンプルとした家庭では、退職直前年収は600万円でした。目標代替率68％で退職後年収は408万円です。これが35年間続くとすると、総額は1億4280万円。このうち、公的年金として受け取る金額を月額24万円として、65歳から30年間分で8640万円になりますから、自分で用意する資金は5640万円。

この家庭が目標代替率を60％にまで引き下げることができたら、どうなるでしょうか。35年間の必要総額は1億2600万円に減りますが、受け取る公的年金の総額は変わりません。そのため、自分で用意する資金は3960万円に減少します。その差は1700万円と、かなり大きな金額です。

もちろん、生活費水準を68％から60％に下げるということは、実質的に生活費を想定よりも12％ほど抑えることですから、それほど簡単ではありません。

リタイアメント・コミュニティ

ところが、物価が1割安いところに引っ越すとしたらどうでしょう。たちまち、それほど難しく考える必要はなくなってしまうはずです。

退職したら別な街に引っ越す——これは、米国でよく言われる「退職したらリタイアメント・コミュニティへ移住する」のと同じようなものです。米国でリタイアメント・コミュニティへの移住は「お金持ちのする行動」だとされていますが、日本では工夫をすることで、お金持ちの行動ではなく、「お金を節約する行動」として多くの人が使える方法にできると思います。

米国のリタイアメント・コミュニティには、たとえば「55歳以上でないと住めない」といったルールがあります。そのため、「幼稚園や小学校はいらないけれど大学が近くにあるといい」とか、「小児科はいらないけど総合的な医療ネットワークがあるといい」とか、「ゴルフ場やクラブハウスが欲しい」といった偏ったサービスを求めます。サービスが特定のカテゴリーに集中しますから、日本では「コストを下げる余地もある」と考えることでできるはずです。

退職者とはいえ、55歳以上ですから、十分にアクティブな時代から上手に移り住んで、新しい生活を築くことが可能になります。

米国には、こうしたリタイアメント・コミュニティが1000ヵ所、2000ヵ所といったスケールで存在し、雑誌などでそのランキングが紹介されたりします。インフレ率、税率、犯罪率などがよく使われるスクリーニング条件で、活動的ではありますが、生活コストを十分意識した移住が可能です。

生活〝費〟水準を引き下げよう

ただ、ここで大切にしたいのは、「生活水準（Living Standard）」ではなく「生活費水準（Living Expenditures）」を下げるという考え方です。

生活そのものを切り詰め、生活水準を下げて生きていくというのでは、せっかくの退職後の生活が夢のないものに終わってしまいます。60歳を起点にすれば、95歳までの35年間を〝切り詰めた〟生活で続けていくことなどとてもできません。生活水準を維持しながらも生活〝費〟水準を引き下げることが大切です。そのためにも、日本でも目標代替率の引き下げの方策として、こうした地方都市移住を考えてみる時代になってきました。なにしろ人生が長くなり、その分、後半生の「生活費の総額」が大きくなってきたのです。その抜本的な対策が求められるわけです。

米国のリタイアメント・コミュニティが金持ちのものであるのなら、日本では普通の人が使えるものとして開発すればいい、と私は思います。そしてそこで蓄積された知見は、これから超高齢社会を迎えるアジアの国々でもきっと使えるものになるはずです。

単なる病院施設とか、介護施設といったパーツではなく、60歳以降の長い生活をより広範囲な目線で、しかも低コストでカバーできるようなネットワークが必要な時代になってきました。それが日本で作り上げられたなら、そのネットワークやシステムそのものが、アジア向けの巨大な輸出産業にもなりうる――そんなふうに考えたら、これからの人生100年時代は可能性のある時代であるとも言えるはずです。

夢の海外移住は70代以降が問題

過去、退職後の生活に関して懸念が広がると、よく言われたのが「年金だけで生活できる老後の海外生活」といった海外移住を考えることでした。ラテン系の陽気な風情の国や、生活費が確かに安そうなアジアの国々、ハワイやオーストラリアといった明るい常夏のイメージを抱かせるリゾート……。パンフレットには夢のような姿が描かれていました。

海外移住は、とりわけ円高になると喧伝《けんでん》されて、円安に振れるといつの間にか言われなくなります。それは、年間生活費を為替で換算して年金収入と比較するという、かなり単純な方法で収支を見込むからだと思います。

コストの安さで人気のアジアでは、医療は日本のように皆保険ではありませんから、総じて支払う金額が高くなります。そもそも、期待できるような医者が簡単にみつけられるかも心配です。さらに、為替の変動は思った以上に大きく、日本に資産を残して、または公的年金の支払いをあてにして生活費を考えると、安定した生活は難しくなります。

もちろん、海外に移住してうまくいっている人もいるはずです。この選択を全否定するつもりはありません。しかし、私個人はまったく考えていません。普通の人は、海外移住を前提に退職後の生活の準備をするべきではないと思います。

考えてもみてください。憧《あこが》れは憧れでいいのですが、その地に35年間暮らすことは果たして可能でしょうか。90歳を過ぎて、そこで暮らす自分の姿を想像してみてください。為替の問題、生活費用の問題ではありません。そこに一生住み続けられますか？「介護が必要になったら、また日本に帰ってきて……」などというのは、とても難しい選択です。そこが終《つい》の棲家《すみか》と思い込めないと。

たとえば、「使いながら運用する時代」に海外で生活して、その間の引き出し額をできるだけ抑えて、70代の後半に日本に帰ってくる。百歩譲って、これならなんとかなるかもしれません。それでも、70代後半以降の生活の拠点をどうするかをしっかり考える必要があります。

地方「都市」移住の可能性

しかし、なにも海外でなくてもよくありませんか？

「使いながら運用する時代」も、海外ではなくて、国内で住める場所、そしてその場所で「使う時代」もそのまま過ごすことを考えてみてはどうでしょう。それが、国内の地方都市移住です。

地方移住と聞くと、これもまたステレオタイプな考え方ですが、「山辺の一軒家を買って」とか、「ログハウスを建てて」といったマスコミ受けしそうなことを想像しがちかもしれませんが、まったく違います。

東京や大阪といった大都市から地方の大きな都市に移住するのです。地方の大きな都市に住んでいる人は、そこから少し離れた都市に住むのです。最初に考えた通り、「生活水準」を下げないためには、生活パターンに大きな変化があってはいけません。しかし、それぞれに少しずつコストがかからないようになっていれば、「生活費水準」を引き下げることはできるのです。

逆に地方都市に住んでいる人は、今住んでいるコミュニティは80歳、90歳になっても住みやすいところですか？　病気やけがの時に毎回バスに乗って時間をかけて病院に通う生活なのか、歩いて行ける程度のところに住んでいるのか、冬になると雪かきや暖房のコストがかかるところより、もっと安易に暮らせるところはないかなどと考えて動き出す時代です。

ところで政府は、「まち・ひと・しごと創生総合戦略」を立て、2017年12月22日に2017年改訂版を閣議決定しています。これは、2014年12月にスタートした「まち・ひと・しごと創生長期ビジョン」のもと作られた5ヵ年計画の改訂版です。この中では、相も変わらず地方に若者を呼び戻すために仕事を誘致するといった施策が主流でした。

ところが最近では、ライフステージに応じた政策が必要だとの認識に立ち始めています。その結果、退職者層の移住を促進する「生涯活躍のまち」といったコンセプトも取り上げられています。これが日本版ＣＣＲＣ（Continuing Care Retirement Community）と呼ばれる、高齢者が元気なうちから介護が必要になるまで長期にわたって住み続けられるようなコミュニティ構想です。

ただ、政府が行うと、やはり地方創生推進交付金の議論が先に立ち、「箱モノ」が優先される傾向にあります。そのため、コミュニティとして成り立っていくには、まだまだ時間がかかる気がします。とはいえ、いい方向に動き出しているのではないかと期待しています。

地方都市移住で生活コスト低減

「生活水準」を引き下げないで「生活費水準」を引き下げるには、物価水準が大切になります。たとえば、目標代替率を68％から60％に引き下げるには、物価水準が10％以上低いところに住まなければいけませんが、それはなかなか難しいものです。しかし、住居費まで含めれば、決して難しくはありません。

まずは東京と地方とを比べて、地方の有力都市の物価水準がどのくらいなのかを調べてみましよう。

国際比較の経済分析で、以前よく「ビッグマック指数」というものが使われました。マクドナルドのビッグマックは世界的に均一な味とボリュームなので、その値段を使って国ごとの購買力から為替レートを比較できるというアイデアで、非常に面白いと思ったことがありました。同じ発想で、各都市の駅前のソバ屋の盛りそばの値段を比較して、「ビッグマック指数」ならぬ、「盛りそば指数」を作ろうかとやってみたのですが、店ごとにそばのボリュームは違いますし、それぞれに工夫されていて、値段が違いますから、うまくいくはずがありません。

でも、なにもそんな指数を作らなくても、政府がきちんと調べてくれています。政府が発表している「消費者物価指数」には、「地域差指数」というものがあります。これは、都道府県庁の所在する都市の物価を相対的に見ることができる指数ですので、これをもとに東京23区内と比較してみます。

県庁所在都市と政令指定都市を合わせた52都市を、家賃を除くベースで比較すると、2016年のデータで、東京23区よりも高いのは相模原市、横浜市、川崎市だけでした。地方都市、もちろん県庁所在都市や政令指定都市ですが、家賃を除く物価水準で最も低かったのは奈良市で、東京23区を100として93・7です。

物価の安いほうから20番目の都市が富山市ですが、ここで96・6%ですから、東京に比べて平均物価指数は3・4％低いということになります。

ところで、この物価指数が安いランキング上位20都市の特徴としてあげられるのは、寒い地域が少ないということです。秋田市、仙台市、富山市だけで、残りの17都市は関東以南。これは、冬場の暖房コストなどが関係しているのではないでしょうか。

住みやすい人口50万人都市

大きな都市は、元気なうちは使い勝手はいいのですが、高齢になると意外に使いにくくなったりします。大きな都市かどうかよりも、徒歩圏内に必要なサービスがすべてそろっているかどうかのほうが重要です。高齢になってからは、自分の自宅の周りが主な生活圏になりますから、都市の大きさよりもさまざまなサービスが充実しているかどうかのほうが大切な条件になるように思います。

私は、退職後に暮らしやすい街は、人口50万人くらいで人口密度の高いところではないか、と常々思っています。50万人程度という基準に何か根拠があるかと言われると、何もありません。でも、出張で訪れてみると、意外にこぢんまりしつつも、必要なインフラは整っている都市が多いのです。

私は、四国の松山市がその最たる例だと思っています。松山市の人口は51・6万人です。町の真ん中にある山の上の松山城に登って街を眺《なが》めてみると、北側は住宅地を中心に、愛媛大学、松山大学があり、東には少し離れますが道後《どうご》温泉、西はJR松山駅、南は市役所、裁判所に三越と髙島屋、それに西日本最大と言われる飲み屋街の大街道があります。本当にすべて一望できる程度の広さです。タクシーに乗れば1～2メーターくらいで行けるでしょうか。三越と髙島屋の間は歩いて10分程度です。

そこからフェリーに乗って瀬戸内海の反対側、広島市に行くと、本当に広い都市です。フェリー乗り場から広島駅までバスで30分以上かかるのですから、その違いがよくわかります。

結果的には、商業圏の規模からみて50万人都市くらいがちょうどいいように思います。ちなみに、人口50万都市といっても、それほど多くあるわけではありません。そこで、30万人から80万人まで広げてみると、都道府県の県庁所在地だけでも、新潟市80・4万人から秋田市31・5万人まで23都市あります。意外に多いと思いませんか。

これに、前述の物価水準の低い20都市を重ね合わせてみると、12都市まで減ります。

コンパクトシティの未来

さらに人口密度も考慮します。

「コンパクトシティ」という都市のコンセプトがあります。

都市の周辺部を整理することで都市が広がらないようにして、中心地に機能を集約化することで都市の再構築を図るという考え方です。

日本では車利用を前提にした生活圏ができあがる中で、旧市街地が車利用に対応しきれず、一方で郊外に大きなショッピングセンターなどができ、街のドーナツ化が進んできました。都心の中央部分ではスーパーがなくなり、シャッター通りが増えるなど、近隣に住む高齢者にとっては生鮮食品が買えなくなるといった「食の砂漠化」も懸念されています。コンパクトシティ構想も、当初は寒冷地の除雪コスト負担の軽減などが大きなテーマでしたが、最近では高齢者向けのサービスそのものを効率化するための位置づけへと変わっているようです。

正直なところ、多くの都市の再開発計画がこの言葉を使ってその狙《ねら》いを語っています。しかし、実際には、都市そのものがコンパクトにできていなければ、なかなかその地区だけがコンパクトだといってもうまくいきません。都市選びのためには、人口密度がやはり大きな意味を持つと考えています。

注目の５都市

生活費水準に大きく影響する物価を使った移住先の検討は、単に生活費で比較するというだけではありません。その裏には、暖房コストが総じて高くなる寒冷地があまり含まれておらず、結

消費者物価、人口、人口密度から見た移住候補地方都市

	物価指数 家賃を除く総合	人口	人口密度	面積
	都区部＝100	人	人／平方キロ	平方キロ
	2016年	2017年1月		2015年
奈良市	93.7	360,459	1,301.6	276.9
前橋市	93.8	338,916	1,087.7	311.6
鹿児島市	94.3	606,706	1,108.0	547.6
宮崎市	94.9	404,375	628.2	643.7
長野市	95.1	382,001	457.6	834.8
秋田市	95.3	314,869	347.5	906.1
岐阜市	96.0	413,111	2,029.0	203.6
静岡市	96.2	709,041	502.2	1,411.9
岡山市	96.3	708,652	897.1	790.0
大分市	96.4	479,726	954.9	502.4
松山市	96.6	515,882	1,201.4	429.4
富山市	96.6	418,304	336.9	1,241.8

果的に温暖な地が多くなっています。総人口50万人前後というのは、街の商業力や潜在力の大きさだと思います。さらに、人口密度は行政サービスも含めたサービスの集積度をみる指数とも言えます。

上の表では、物価、総人口に加えて人口密度も記載してみましたが、1平方キロメートルあたり1000人以上とすると、対象都市はついに5つにまで絞《しぼ》り込まれます。奈良市、前橋市、鹿児島市、岐阜市、松山市です。

私は、これらの都市を一つひとつ回ってみようと考えています。

実は、この原稿を書いている段階では、先ほどの「まち・ひと・しごと創生

総合戦略」に対応した地方創生推進交付金による活動はまだスタートしておらず、平成30年度から実施されるところが多いようです。電話取材では鹿児島市が先に動いている感じを受けましたが、3月下旬に実家への帰省の途中で寄った岐阜市も注目できそうです。

岐阜駅の駅前に11年前に建設された高層ビルには、岐阜県住宅供給公社が管理する「サービス付き高齢者向け住宅」がその3分の1ほどを占めています。43階建てのマンションの低層階は商業用施設で、6階から14階までがサービス付き高齢者向け賃貸住宅で108世帯が暮らせる規模です。15階から上は分譲住宅となっていて、この分譲住宅に子供夫婦が住んで、親は高齢者向け住宅に住んでいる世帯まであるそうです。

ちょっと話を聞いてきましたが、岐阜駅に直結なので、雨の日も傘《かさ》を差さないで駅に行ける便利さは意外に気持ちが動くものです。しかも同じ駅前に新たな高層ビルが建設途中で、そこにも高齢者向け住宅が予定されているようです。

このように、生活費水準の引き下げが可能となる「地方都市移住」も、真剣に考える時代になってきています。

コラム③生活費は変わらない

▼生活費水準をどう設定するか

「目標代替率」68％の算定では、「生活費（＝消費支出）は現役時代の83％」でした（左の図参照）。この生活費水準は、2つの点で吟味《ぎんみ》する必要があります。まずは、退職したその日からすぐに下がるという前提であること。もう1つは、家計調査の分析から導いた数値ですので、ある年の2つの年代層の消費水準を比較分析した「静的分析」に過ぎないことです。つまり、1つの家族の現役時代と退職後の生活を比較しながら、どう変わっていったのかを分析した「動的分析」ではないのです。そのため、この数字の持つ現実性を考えるとさらに一歩進めた議論が必要になります。

すなわち、「消費支出は本当に減るのか？」という問題です。

退職して会社に行かなくなればスーツは要らなくなるかもしれませんが、その分、普段着は多く要るはずです。最近はカジュアルな服装で出勤する会社も多くなっていますから、もしかすると衣類にかかる費用は特に変わらないという方もいるかもしれません。会社への交通費はそもそも会社が支給していたものでしょうし、毎日どこかに出かけるとすれば、退職してからのほうがかえって交通費はかかるかもしれません。

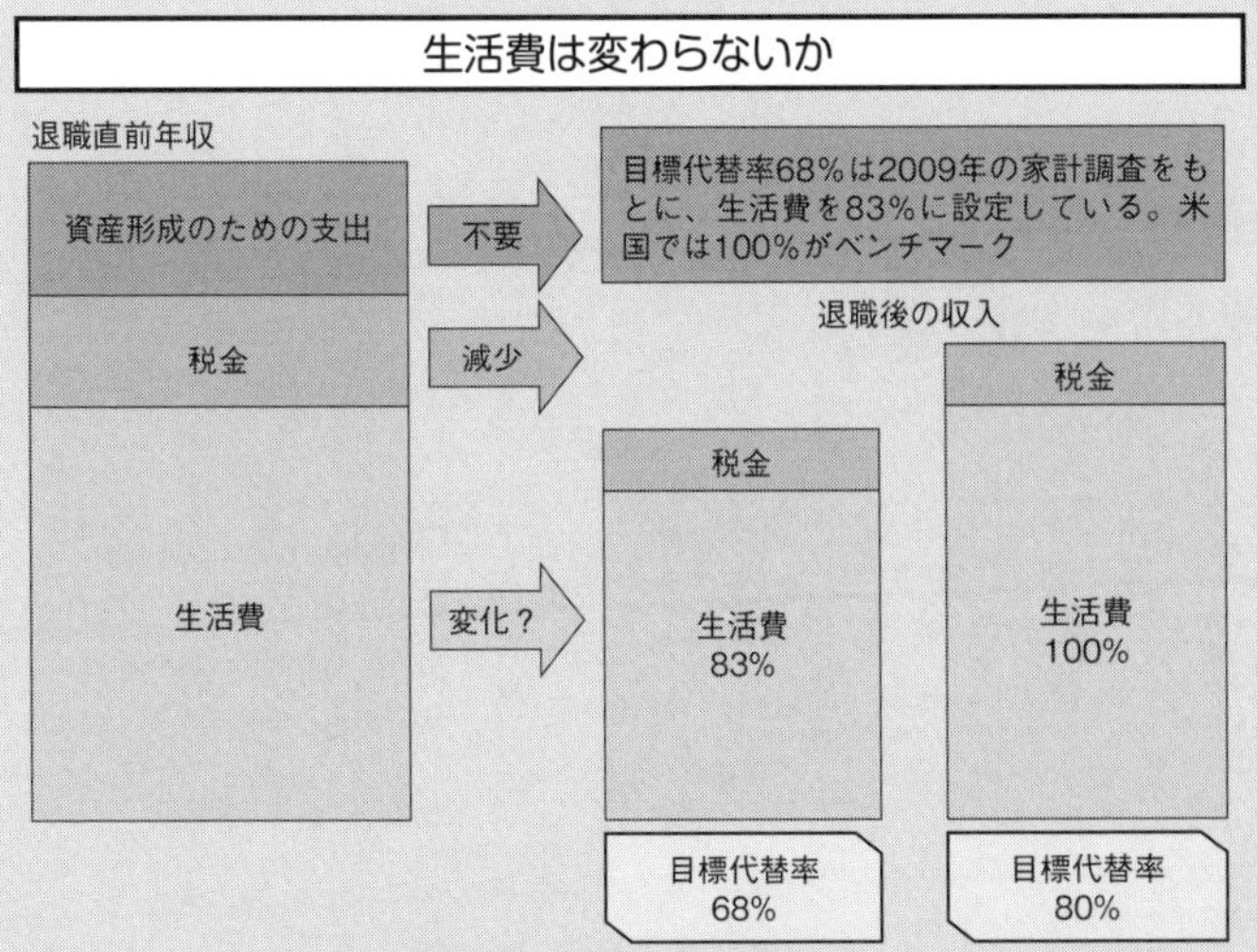

（出所）フィデリティ退職・投資教育研究所

食事は質素にといっても、三食とも自宅でということは難しいでしょうから、外食の回数は総じて多くなると思います。せっかく退職したから旅行にでも行こうかとか、これまで知らなかった場所を探索してみようとか、日本のことをあまり知らないからと国内旅行に出かけようとするかもしれません。

後輩との飲み会や、おつきあいと称した交際費は大きく減るかもしれませんが、その分これまでおつきあいのなかった新しい関係を創る努力もするはずです。退職したからといって、今住んでいるマンションや住宅を引き払いますか？　それもないでしょう。

▼生活費水準が変わらなければ目標代替率は8割に

こうして挙げていくと、生活費が大きく変わることはなさそうに思えませんか。だとすると、生活費は現役時代の83%ではなく100%、つまり、「変わらない」と設定しておくほうが理屈は通りやすいように思います。もちろん、人によってはそこから「減らせる」という人もいるはずですし、場合によっては、これまでかからなかった医療費がかかると考える人もいるかもしれませんから、「潜在的に100%以上になる」かもしれません。

いずれにしても、まずは想定を100%として、そこから〝自分でいかにコントロールするか〟と考えるのが、退職後の生活を考えるには良いように思います。

もし、100%の生活費水準を使うとすれば、先に紹介した目標代替率68%はもう少し高くなるはずです。ちなみに、2009年の資料をひもといて100%の消費支出を前提にすると、目標代替率は80%に上がることがわかりました。

ここでは、継続して目標代替率68%を使っていくことにします。しかし、こうして考えてみると、68%は決して高い水準ではなく、実際にはもっと高い目標代替率、たとえば80%といった水準も考える必要があるということは念頭に置いておくことにしましょう。米国の会計検査院が、米国における目標代替率の分析研究を行ったところ、70～85%が最も多かった、と報告していることは忘れてはいけないと思います。

私たちにとって、まずは68％の目標代替率で生活できるだけの資産を創り上げること。さらに、もっと高い資産を求めることも必要と言えるかもしれません。私は59歳になりましたが、まだ資産を創り上げることをあきらめるつもりはありません。少しでも長く働き、また退職後も資産運用を続けることで、その生活水準を維持することは十分可能なのです。

第４章　退職後生活は「使いながら運用」で決まる

収入源の6割が「年金」

この章からは、本著の核心、引き出し方＝デキュムレーションについてまとめていくことにします。

まずは、「資産の引き出し」の実態をアンケート調査から考えていきます。そして、それらを自分に置き換えた計画へとつなげてほしいと思います。

「資産活用世代のお金との向き合い方」のアンケートでは、退職している人に退職後年収（税金等を含む年間生活費）の源泉を聞いています。退職後年収のうち公的年金は何割を占めているか、勤労収入はどれくらいを占めているか、金融資産の引き出しはどれくらいに達しているか、などです。

左の表は、その平均値を計算して列挙したものです。60代前半も後半も、退職後年収の中央値は330万円強でほぼ同じ水準ですから、この表では、同じ水準の比率はほぼ同じ金額を示していると言えます。

60代前半の退職者の勤労収入は、退職後年収全体のほぼ3分の1で、113・5万円。公的年金をすでに受け取っている人もいることから、平均すると公的年金も30％強。これに企業年金や個人年金保険も含めると45・2％、149・6万円となります。3番目に大きいのが、金融資産

退職者の年代別退職後年収（年間生活費）の源泉

（単位：%、万円）

退職者	60-64歳（n=1838）	65-69歳（n=2881）
勤労収入	34.3%	12.6%
公的年金の受け取り	31.6%	61.7%
企業年金の受け取り	8.3%	11.0%
個人年金保険の受け取り	5.3%	4.9%
家賃・不動産収入	2.6%	2.0%
金融資産の取り崩し	13.5%	5.9%
銀行預金の取り崩し	10.3%	3.0%
株や投資信託の配当・分配金	2.6%	2.4%
株や投資信託の一部売却	0.6%	0.5%
家族などからの仕送り	1.0%	0.5%
その他	3.3%	1.4%
合計	100.0%	100.0%
退職後年収（年間生活費、中央値）	330.9万円	334.6万円

（注）生活費の中央値はその金額を回答した人が対象のため、総数は60-64歳で1335人、65-69歳は2171人。年間生活費の設問と、その源泉に関する設問は別々に聞いているために、必ずしも整合的でない部分がある。
（出所）フィデリティ退職・投資教育研究所、「資産活用世代のお金との向き合い方」、2017年9月

の引き出しで13・5％、44・7万円ですから、これら3つで退職後年収（生活資金）のほとんどをまかなっていることがわかります。

さて、60代後半になって起きる大きな変化は、「公的年金の受け取りの本格化」です。65歳から69歳における退職後年収のうち、公的年金の比率は一気に61・7％に高まります。加えて企業年金の受け取りも増え、個人年金保険の受け取りも合わせると、年金関係の合計は77・6％、259・6万円に高まります。

一方で、徐々に働きにくくなること、また働いても大きな収入が望めないことから、勤労収入の構成比は12・6％と60代前半の3分の1程度に低下しています。

65歳までの資産減少が致命傷に

65～69歳は金融資産の引き出しも大きく減って、60代前半の13・5%と比べて半分以下の5・9%となっていることも注目できます。というよりも、65歳の公的年金受け取りスタートまでの間に、意外に金融資産の引き出しが進んでいるとみるほうが正しいでしょう。

これが大きな課題です。年間44・7万円で5年間、合計223・4万円の金融資産の引き出しが発生しているのです。60歳で退職をして、年金が支給される65歳までの「空白の5年間」をどう過ごすかが、その後の生活のパターンを決めてしまうことがわかります。

75歳以降は「引き出すだけ」

もうひとつ気にかけておかなければならないのが、70歳以降はどんな退職後年収の内訳になるかということです。インターネットを使ったアンケート調査では、この年代層の参加が難しいため、実際には聞くことができていません。でも、113ページの表から、70歳以降の収入の内訳はある程度推測できます。

たとえば、まずは「退職後年収の総額は330万円台で変わらない」と推測されます。日々の生活費は、60代よりも70代のほうが少なくて済むかもしれませんが、医療費の負担増はかなりの確率で想定できます。そのため、生活費全体では増えている可能性はあっても減ることはちょっと考えにくいところです。

「公的年金や企業年金などは変化無し」でしょう。受取金額は65歳で確定すると考えるべきで、70代になって増えることは考えられません。もちろん減る可能性はありますが、ここでは、構成比は77・6％のままと想定します。

そして、「勤労収入はあまり期待できなくなる」はずです。年齢を重ねるにつれて勤労収入を期待することは難しく、60代の前半と後半の違いをみるだけでも、70代ではほとんど収入はないものと考えていいでしょう。ここから「勤労収入０％」とします。

これで、年金収入以外の残りをすべて資産の引き出しでまかなわざるをえなくなります。60代後半の構成比から推計すると、金融資産の引き出しは再び18・5％と２割近くに増えることになります。

さらにもう少し先の75歳、80歳、85歳を考えてみましょう。企業年金や個人型年金保険の受け取りはほとんどが有期です。

たとえばＤＣの場合には、60〜70歳の間で引き出しをスタートさせて、５〜20年間で受け取るのですが、最短で65歳で受け取りが終わってしまう場合もあります。65歳スタートで20年間受け取るようにしても、85歳には終わってしまいます。そこからは公的年金だけになり、生活費の60

%が公的年金、残りは自分の資産からの引き出しになります。そもそもDCの資産そのものは、企業型であろうと個人型であろうと個人の資産です。個人型DCはiDeCo（個人型確定拠出年金）と呼ばれて、今注目されていますが、通常の積立投資と何ら変わりはありません。とすると、年金受け取りだからといって公的年金と一緒にするのは正しくないかもしれませんね。

さらに、その頃には公的年金の実質受取額が20%少なくなっているとすると、公的年金は半分以下、過半が自分の資産からの引き出しとなるのです。

資産寿命を延ばす出口戦略

こうした引き出しを続けていると、早晩資産が枯渇《こかつ》することは火をみるより明らかです。そのため、少しでも資産の寿命を延ばすためには「運用」を続ける必要があります。すなわち、「使いながら運用する」時代を自分の人生設計の中に組み込むのです。

もちろん無理な運用をすすめるつもりはありません。後述するように、これについては「年率3%運用」が達成できれば十分だと思っています。

若い人にとって、積立投資をすることは大切です。実際2017年からはiDeCoが公務員や第3号被保険者、いわゆる専業主婦・夫に広がって注目されていますし、2018年からはつみたてNISA（少額投資非課税制度）がスタートして、若年層の投資への関心が高まっています。

積立投資をした結果、あなたが退職時点で3000万円の運用資産を作り上げることができたと考えてみてください。その時に明日の金融相場がどうなるのかはかなり気になると思います。同様に、10年後、20年後にその資産を売却すると考えていれば、その時の相場が気になるはずです。リーマンショックのような急落が起きてほしくないな。その思いは、退職金で3000万円の一括投資した場合でも同じだと思います。資産を作り上げた経過はあまり関係なく、資産を持っていれば、その運用成果は等しく気になるものだということです。

こうした思いは、多くの方が陥《おちい》るものですが、実はこれは、資産を一度に売却することを考えるから起きることなのです。資産は一度に売却してはいけません。資産形成で時間分散投資を行うように、資産活用では引き出しを時間分散して行うのです。そうすれば、相場ですから上がる時もあれば下がる時もある、多めに売却額が出る時もあれば少ない時もあるといった感覚で引き出していけるのです。

積み立てる時には「時間が味方だ」という言葉をよく聞きませんでしたか。毎月積み立てるとか、時間分散とか、さらにもっと知っている人には「ドルコスト平均法」といった言葉を使って、コツコツ資産を創り上げる「コツコツ投資」のことを多くの方が推奨します。それと同じように、投資から撤退する時も一度に売却することを考えずに、時間をかけてコツコツと撤退するのです。

これはなかなか難しい出口戦略ですが、有効な戦略＝「コツコツ引き出し」なのです。

「定率引き出し」のすすめ

こうしたコツコツ引き出して行くことこそ、まさしく先に紹介したデキュムレーション(Decumulation)のことなのです。これは、資産を引き出していく一連の作業ですが、すでにみてきた通り、積み上げてきた資産という「山」を下りていく方法です。

その際のコツは、一気に下りないで、コツコツと階段を下りるように、ゆっくりと時間をかけ、かつ安全に下っていくことです。そう、この「ゆっくりと」「階段を下りるように」といった点が、デキュムレーションではなにより重要なのです。すなわち、資産を一気に減らさない、ということです。

言い換えると、デキュムレーションは、単に資産から資金を引き出すということではありません。

「ゆっくりと」「階段を下りるように」するためには、資産を減らさない工夫も必要になります。そのための方法こそ、資産運用です。ですから、Investing（資産運用）＋Withdrawal（引き出し）＝デキュムレーション（Decumulation）だと考えることができるのです。こうした点を踏まえて、デキュムレーションを「資産活用」と呼び、この世代を「資産活用世代」またはデキュムレーション世代、私はこれをさらに簡単にして「D世代」と呼ぶようにしている、というわけです。

アキュムレーション(Accumulation)、日本語では「資産形成」という言葉の対になる言葉が、「資産活用」を指すデキュムレーション(Decumulation)なのですが、英語でも比較的最近使われるようになったので、登録されていない辞書もあるほどです。日本ではもちろんほとんど使われておらず、最近になってやっと使われ出したところです。

ちなみに私は、「毎月引き出し額をきちんと決めておけば大丈夫だ」(定額引き出し)という考え方の危険性をこれまで長い間、指摘してきました。75歳以降の「使う時代」にしっかり資産を残す。そのためには、毎月決まった〝金額〟を引き出すことはダメで、代わりに一定の「率」で引き出していく、「定率引き出し」という概念を2010年から提唱してきました。退職後の資産の引き出しに関する考え方は、足元の生活のためだけでなく、将来の生活にも目を向けた引き出し方法が大切で、その典型的な方法として「定率引き出し」を提唱しているのです。

資産活用は「下山」のイメージで

デキュムレーションは、視覚的なイメージで考えていただくとわかりやすいと思います。25ページに図を載せていますから、もう一度ご覧ください。

繰り返しになりますが、資産規模を表すグラフを想像して、増えていく局面が「アキュムレーション(Accumulation)」で、減っていく局面が「デキュムレーション(Decumulation)」です。

ちょうど山の上りと下りのようなもの。そこで、山の上りの世代をわかりやすく「A世代」と呼び、下りの世代を「D世代」と呼んでいます。

山は上るだけではだめで、きちんと下りてきてこそ意味があるのです。上り坂は下り坂の3倍のエネルギーがいるそうですが、下り坂はまったく別な筋肉を使い、体へのダメージも大きいというのが運動生物学の知見だそうです。また、富士山登山の事故原因を分析すると、転倒して骨折や捻挫《ねんざ》をするケースのほとんどが下山中に起きていると言われます。

私たちは、とかく山を登ることばかり重視し、上ったことで達成感を得てしまいがちです。しかし本当に大切なのは、こうした上りとはまったく違うイメージの下山を経て、山をきちんと下りること。そうして初めて、山を制覇したと言えるのです。

資産とのつき合い方においても、しっかりした「下山」のイメージを掴《つか》むことで、退職後のための資産を作り上げ、使っていくという登山の形ができあがります。

そもそも資産は使うために作り上げてきたものですから、作り上げるだけでは何もなりません。それをどう使うかが大切です。しっかり使うための引き出しロジックをもって対処しないと、資産寿命を短くしかねません。引き出し方は、単にいくら使いたいからという消費のニーズで金額を決めるのではなく、「どれだけ引き出すと、残りの資産の運用に最も効果的か」も考える必要があるのです。

ここで言う資産運用からの出口戦略は、その下山の一部、60〜75歳の「使いながら運用する」時代を指しています。

退職者に対する金融機関のスタンスは、投資対象を紹介することに専念しすぎています。そのため、投資商品の個々の成果を問うような投資が多く、資産を包括的にみて運用を心掛けるようにはなっていません。

当然、個人もそのような包括的な資産活用を考える人は少なくなります。いくつものアンケート調査で、退職者で投資をしている人の7〜8割が日本株を投資対象にして、外国株や投資信託などほかの商品はせいぜい2〜3割という状況が明らかになっています。あまりに偏った投資対象になっていることは、資産を包括的にみていないことの証《あかし》です。

だからこそ、私が金融機関のセミナーで資産の引き出し方の影響を説明し、定率引き出しの有効性を訴えると、アンケート調査では「初めて金融機関の人から資産の引き出し方を聞いた」といったコメントが多く寄せられる事態になるのです。

「使う時代」に備えて資産を残す

出口戦略の最大の目標は何だと思いますか？　そう、先に述べたように「95歳で資産0円」です。「95歳まで資産を持続させる」ことです。そのためには、75歳以降に想定される「使う時代」の必要金額をしっかりと残さなければいけません。

その必要額は、比較的簡単に計算できます。というのは、原則は親の世代の退職後と同じで、一定額を引き出すことに専念すると想定するからです。もっとわかりやすく言えば、有料老人ホームに入居していると思ってみてください。健康上の問題を抱えている姿を想像するのはうれしくありませんが、お金との向き合い方だけに限定すると、それは毎月一定額の経費を負担すれば、生活できるように設定されている時代と言えます。

ということで、「使う時代」の生活費総額は、「公的年金以外に毎月定額で引き出す必要額」の総額を計算すればいいわけです。

たとえば75歳から95歳までの20年間に、公的年金のほかに毎月10万円引き出せる資産が欲しいと思えば、10万円×12ヵ月×20年間で、75歳の時に2400万円の資産があればこれが叶えられます。この場合、60歳から75歳までの出口戦略の目標は、75歳の時に2400万円残すことです。毎月15万円必要なら75歳の時に3600万円必要です。

一昔前なら、60歳の定年時期がこの75歳時点だったかもしれませんね。働いて作り上げてきた資産と退職金をともに銀行に預金して引き出していく。そうした生活ができた時代でした。なにしろ平均余命がまだ短い時代でしたし、預金にかなりの金利が付いていましたから、これはリーズナブルな計画だったと言えます。

しかし、今は違います。退職後に35年もの長い時間があるとなると、75歳までは半分現役で、そこからが昔で言うところの退職だと考えざるをえません。残念ながら預金金利は低いままですが。

75歳からの「使う時代」の引き出しは毎月、または毎年一定額に抑えることが重要になります。言い換えると、できるだけ健康でいて、けがや入院などの臨時出費を極力抑えるようにすることが大切だと言えます。こうした出費が心配であれば、公的年金以外に毎月15万円の引き出しを想定しても、実際には10万円分だけを使って、5万円分はこうした出費へのバッファーにするといった対応も可能です。いずれにしても、前提は定額引き出しです。

資産枯渇を避ける「減らし方」

60歳から75歳までの「使いながら運用する時代」は、資産運用からの出口戦略であって、資産を引き出していくことが前提です。また、75歳以降はまさしく資産を減らしていく時期です。この2つの時期のお金との向き合い方の根本は、「資産が減ることを容認する」ことに尽きます。そのうえで、資産が自分の人生よりも長生きするような工夫をすること、しかも、より確からしい方法で、ということになります。

ちなみに、あなたは退職したら「持っている資産を減らしながら生活する」ことを心底容認できますか。正直、私なら、よほどその意思をしっかり持たないと怖くて仕方なくなると思います。なにしろ、大切な生きる糧《かて》がじりじりと減っていくのですから。

改めて、なぜ「減ること」を想定すべきなのかを考えてみます。この年代の前提は、「勤労収入＞支出」ではなくなっています。そのため、勤労収入や年金収入からまかないきれない生活費を「資産からの引き出し」で補填《ほてん》するしかないのです。

もちろん、60〜75歳の時期に「たとえ引き出したとしても、運用してそれ以上に儲《もう》けて資産を増やせばいいじゃないか」「なぜ減らさなければならないのか」というみなさんの声も聞こえてきそうです。

引き出す以上に儲けるということは、高いリターンを求めることになります。投資の世界では、その分リスクが高くなることは必然です。リスクとは「ブレの大きさ」を言いますが、そのブレは、目標としていた75歳時点での必要資産額の到達可能性に直結します。60〜75歳でリスクをとることが75歳以降の生活のマイナスに直結するとなれば、それは避けたいところです。

そこを間違って、60〜75歳に運用で儲けようとして、75歳時点の資産を想定よりも減らしてしまったと考えてください。

たとえば、75歳で2400万円残して、そこから「夫婦で公的年金に加えて資産から毎月10万円を引き出して高齢者住宅でゆったりと暮らす」ことを想定していたとします。しかし、実際には2000万円しか残っていません。このまま計画通りの生活に移ると、2000万円は16年と8ヵ月分の資金にしかなりません。91歳で枯渇します。

相対的に余命が短い男性はそれでもなんとかセーフかもしれませんが、残された奥様はどうなるのでしょう。その後は、資産0円で暮らすのです。しかも、ご主人が亡くなったことで公的年金が大幅に減額された状態で。

自分の人生が終わるより先に資産が枯渇すること、それが人生最後の5年間に訪れたと想像してみてください。その段階では、もうリカバリーショットを打つことはできないのです。とても恐ろしいことだと思いませんか。

いかにリスクを抑えた運用をするか——。それは言い換えれば無理な収益を求めず、お金との向き合い方の戦略を、「増やすこと」より「減り方をコントロールする」という視線に向けるべきだということです。

目安は「4％引き出し3％運用」

「使いながら運用する時代」を60歳から75歳までの15年間と想定すると、どんな効果があるのかを先にみておきましょう。

60歳から75歳までの「使いながら運用する時代」という考え方は、私がここ数年新たに主張してきているもので、まだまだ一般的に受け入れられているわけではありません。この時代は、これまでとはちょっと違った目線を持つ必要があります。

まずポイントは、退職時点における「資産残高」ではなく、この期間全体における「資産の引き出し総額」に注目することにあります。60歳の時にいくらあったか、または、いくら必要か、も大切です。しかし、それ以上に、60歳から75歳までの15年間で、その資金をどう運用し、どう引き出していくかが重要なのです。大切なのは、60歳の時の「残高」ではなく、それ以降の「引き出し総額」なのです。

まずは「使う時代」を想定します。

公的年金以外に月額14万円を引き出して生活に充《あ》てるとします（ちょっと半端な金額ですが、このまま読み進めてください）。この間は運用からも引退していますから、銀行預金から毎年、毎月引き出していると思ってください。これを75歳から95歳までの20年間行うためには、75歳時

逆算の資産準備：60歳時点の残高と引き出し総額の違い

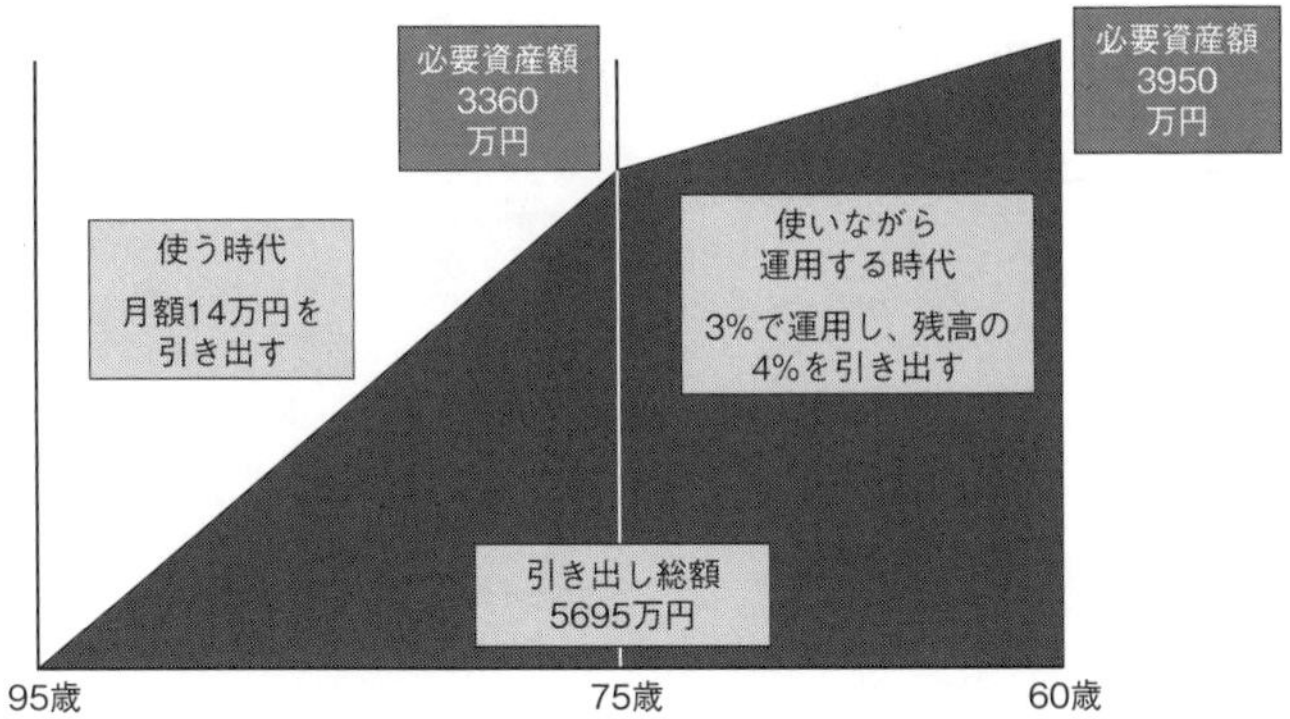

（注）4%引き出しと3%運用の差を12ヵ月で割って月次の資産減少率とする

点で３３６０万円が必要になります。

次に、75歳までの15年間を「使いながら運用する時代」として、その年の残高に対して４％相当額を引き出し、残りを年率３％で運用するとします。これはかなり有効な方法です。詳細は後述するとして、ここではまず、「そういうもの」だと思って読み進めてください。

結果として、毎年残高の１％が減っていくことになります。それによって75歳の時点で３３６０万円残すためには、60歳時点でいくらあればいいのかを逆算します。答えは３９５０万円です。ちなみに、60歳の頃の４％引き出しではだいたい年間１５８万円、月額13万円。75歳近辺では、３３６０万円の４％で１３４万円、月額11万円くらいになります。

ここで注目して欲しいのは、引き出し総額が約５６００万円強である点です。83ページで議論した退職後の必要資金総額に近い金額です。これを作り出すためには、60歳時点で実際には4000万円弱の資産があれば可能になることがわかります。自助努力で5600万円強の資金が必要と目にした時は、その金額が大きすぎて驚かれたと思いますが、それは60歳で用意する金額ではないのです。これが、「使いながら運用する時代」を組み込んだ効果なのです。

逆算の資産準備の完成

ちなみに、30代に月4万円、40代に月5万円、50代で月6万円を積み立てて年率3％で運用すると、30歳で資産0円でも60歳の頃には約2800万円を作り上げることができます。そこに退職金を想定します。ここでは住宅ローンなどの返済も考慮して、退職後の生活用には1000万円程度を織《お》り込んでみます。その結果、60歳時点の資産総額が3900万円程度になれば、引き出し総額約5600万円の「逆算の資産準備」が完成します。

住宅ローンの返済などで退職金からほとんど退職後の生活資金用に回せない場合も考えてみましょう。その資金、約2800万円を、60歳から75歳までの「使いながら運用する時代」に3％で運用して、4％で引き出すと、75歳時点で2400万円ほど残ります。そして、「使う時代」として75歳以降月額10万円ずつを公的年金に加えて使うとすると、95歳まで資産が持続する計算となります。この時の60歳以降の引き出し総額が約4000万円です。これは、93ページで紹介

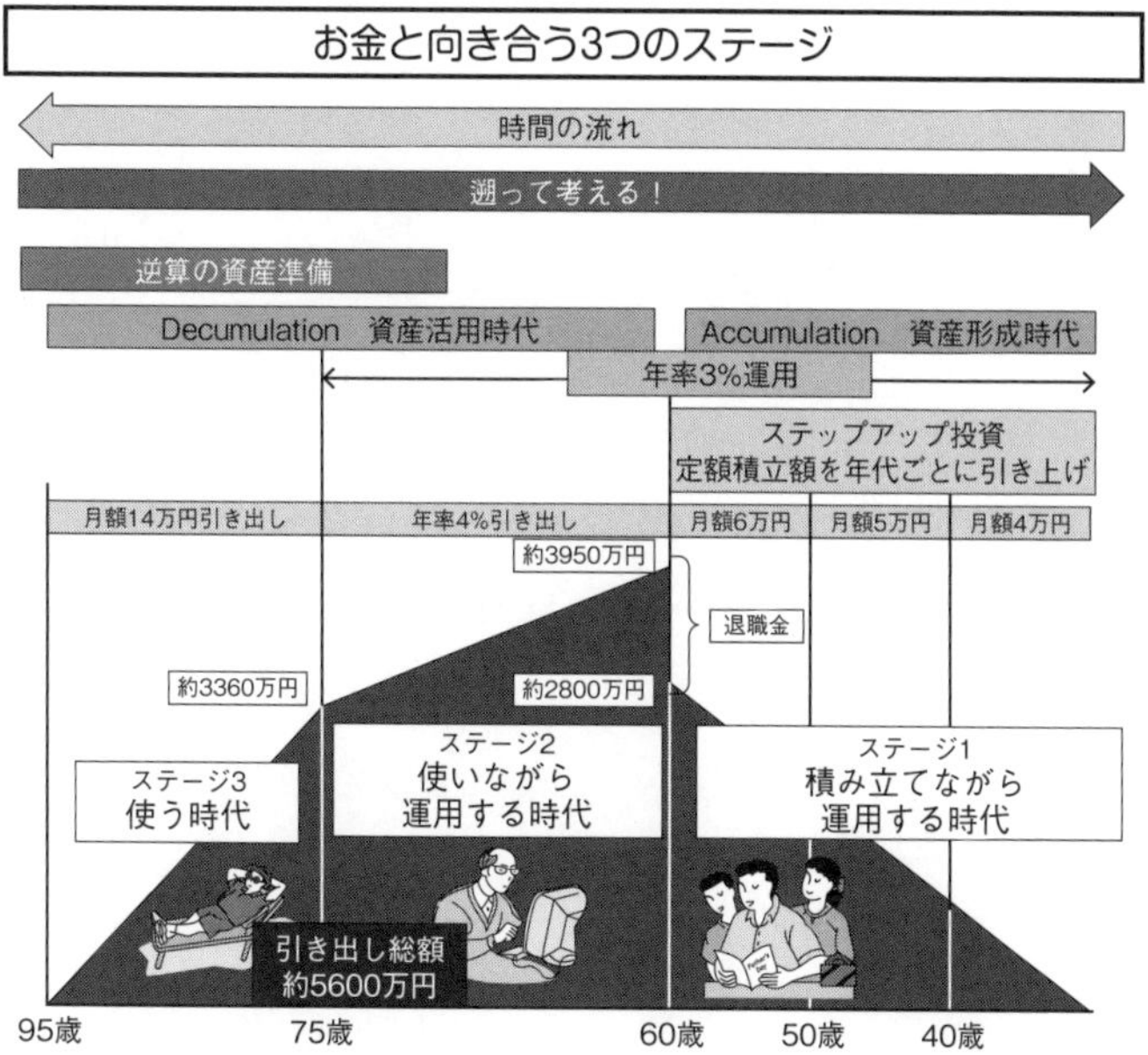

（出所）フィデリティ退職・投資教育研究所作成

した「目標代替率を60%に引き下げた場合の自助努力額」に相当します。すなわち、60歳時点２８００万円の資産であれば、生活費水準の引き下げなど対策を考えて対応可能だということです。

　ちなみに、２０１５年の退職者８０００人アンケートの結果では、会社員の退職金は金額が０円から４０００万円くらいまでかなりばらつきがあり、平均値は１７４７万円、公務員はばらつきが少なく、平均値は２４３８万円でした。退職金から使える金額を考慮して60歳以降の生活パターンを変えることも大切です。

いずれにしても「使いながら運用する時代」に、資産を引き出しながらも、残った資産をあまり無理をしない収益率で15年の期間を設定して運用を実施することで、引き出し総額はかなり大きな金額になることがわかります。これこそが自分の寿命よりも資産の寿命を長くする最大の力なのです。

第５章　定率引き出しのすすめ：４％引き出し

遅れている引き出しの議論

この章では、「使いながら運用する時代」の「4%引き出し」について、さらに検討してみようと思います。これまでの章でもすでに、結論のように「4%引き出し」を使ってきましたが、改めて「4%引き出し」の持っている意味を深掘りしてみたいと思います。

「使いながら運用する時代」は、積立投資をする現役時代とはまったく違う難しさがあります。運用するだけで済む現役時代とは違って、なにより「引き出す」という作業を同時並行的に行うことの難しさがあるのです。

これまで全国数百ヵ所でセミナーを行い、消費者や金融機関の販売担当者に「使いながら運用する」という考え方を話してきました。セミナーでアンケート用紙にコメントを書いていただくのですが、驚くことには、多くの人、しかも金融機関の担当者でさえも、「初めて引き出しのほうが問題なんだということを知りました」といったコメントをいただくことになるのです。日本では、いかに引き出し方についての議論が行われてこなかったかがわかります。山は上れば必ず下りなければならないのに、下り方を教わらない、というのは恐ろしい話です。

ちなみに、米国でWilliam BengenがJournal of Financial Planningに引き出し率に関する有名な論文を載せたのは1994年。詳細は150ページのコラム④で紹介していますが、完全ではありませんが、引き出しに「率」の考え方を示したのがほぼ四半世紀前のことです。残念ですが、日本でいまだに引き出しに関する議論が進んでいないのは、本当に悲しい限りです。

「定額引き出し」では守れない

そのような日本の状況もあり、本書ではまず、「運用する」ことの前に「引き出す」ことについて考えてみたいと思います。

多くの人がいまだに「退職したら毎月10万円ずつだけ引き出すようにする」とか、「できるだけ引き出さないようにする」といったことを念頭に置いています。しかし、これでは寿命が尽きる前にお金が尽きる不安は増すばかりです。

こうした引き出し方は、私たちの親の世代の考え方です。いや、私たちも75歳を過ぎてから考える「お金との向き合い方」です。それをここでは、「定額引き出し」と呼ぶことにします。

毎月10万円の引き出しがどうして好かれるかというと、「これ以上使わないようにする」という使い方に制約をつけることで、無駄遣いを戒《いまし》めることができるからです。

言ってみれば、私の大嫌いな「節約」のようなものです。全体をみることなく、お金との向き合い方を「お金を使う」という側面だけでみると判断を誤ります。節約は、いかにお金を使わないかという視線です。「定額引き出し」も「これ以上使わないように」という視線ですから、お金を「使うという面」だけでみていることにほかなりません。そして「引き出す」という行為は、実は残りの資産の運用にも少なからず影響を与えます。その面をみないで、総合的な視点を欠いたままお金と向き合うと、大きな失敗をしでかしかねません。

本当に大切なのは、「使う時代」に向けてしっかりと財産を残す使い方であり、そのための「引き出し方」なのです。本章では、この点についてじっくりお話しします。「使いながら運用する時代」の引き出し方法として私がすすめるのは、「定率引き出し」。このやり方について説明していくことにします。

資産が早く溶ける定額引き出し

まずは多くの人が好む、「使いすぎないようにするために毎月一定額の引き出しに決めている」という「定額引き出し」の危険性から理解していただくことにしましょう。

左の表で、Aさんの定額引き出しの欄をみてください。保有資産1000万円で毎年40万円ずつ引き出して残りを運用すると想定しています。運用するマーケットの収益率はその左側の欄に、1年目の15・3%の上昇から15年目の23・5%の下落まで仮定しています。60歳から74歳までの15年間の運用環境は平均収益率（年率）で0・9%、リスク指標である標準偏差で22・3%。ちなみに、平均収益率は投資の世界で「リターン」と呼ばれ、標準偏差は「リスク」と呼ば

収益率配列のリスク

ほくほく顔のAさん

苦虫顔のBさん

（単位：%、万円）

年齢	ポートフォリオA					ポートフォリオB				
	収益率	定額引き出し		定率引き出し		収益率	定額引き出し		定率引き出し	
		資産額	引出額	資産額	引出額		資産額	引出額	資産額	引出額
		1000万円	40万円	1000万円	4%		1000万円	40万円	1000万円	4%
	%	万円	万円	万円	万円	%	万円	万円	万円	万円
60	15.3	1,106.9	40.0	1,106.9	40.0	−23.5	734.4	40.0	734.4	40.0
61	39.9	1,492.6	40.0	1,486.6	44.3	−27.3	504.8	40.0	512.6	29.4
62	29.0	1,873.8	40.0	1,841.0	59.5	36.8	635.9	40.0	673.1	20.5
63	−18.7	1,490.9	40.0	1,436.9	73.6	−9.3	540.5	40.0	586.1	26.9
64	−3.6	1,398.7	40.0	1,329.7	57.5	21.2	606.6	40.0	681.9	23.4
65	−26.4	1,000.0	40.0	939.5	53.2	−2.6	551.8	40.0	637.6	27.3
66	2.9	987.8	40.0	928.1	37.6	0.7	515.4	40.0	616.4	25.5
67	13.2	1,072.9	40.0	1,008.6	37.1	13.2	538.2	40.0	669.9	24.7
68	0.7	1,040.2	40.0	975.0	40.3	2.9	512.6	40.0	661.7	26.8
69	−2.6	974.1	40.0	911.7	39.0	−26.4	347.9	40.0	467.6	26.5
70	21.2	1,132.2	40.0	1,060.8	36.5	−3.6	296.8	40.0	432.7	18.7
71	−9.3	990.6	40.0	923.6	42.4	−18.7	208.8	40.0	337.7	17.3
72	36.8	1,300.4	40.0	1,213.0	36.9	29.0	217.7	40.0	418.2	13.5
73	−27.3	916.3	40.0	846.6	48.5	39.9	248.6	40.0	561.7	16.7
74	−23.5	670.4	40.0	621.7	33.9	15.3	240.5	40.0	621.7	22.5
標準偏差	22.3					22.3				
複利収益率	0.9					0.9				

（出所）フィデリティ退職・投資教育研究所作成

れます。その内容をこの本で詳しく述べることは避けますが、運用状況を示す重要なデータです。

この運用と引き出しを行った結果、15年後の資産額は670・4万円になりました。お金を使っている割に意外に資産の総額は減っていないですね。ほくほく顔のAさんです。

一方、Bさんは、15年間の平均収益率は0・9%、標準偏差は22・3%とAさんとまったく同じです。というのも、毎年の収益率の並びを逆にしただけだからです。そう、Aさんの上からの並び方を、下から並べただけです。もちろん、1000万円の資産で40万円を引き出して残りを運用するという方法もAさんとまったく同じです。

ところが、15年後の残高は240・5万円と、Aさんとは大きく違っています。Bさんは、きっと苦虫をかみつぶしたような顔をしていることでしょう。

なぜ、こんな現象が起きるのでしょうか。これはBさんの場合、収益率の並び具合が前半に大幅なマイナスが続いて、後半にプラスが多くなっているからです。

大幅なマイナスが続いている前半の中で、定額の引き出しを続けると元本の減少を早めることになります。その結果、最後のほうをみるとわかるのですが、元本が大きく毀損《きそん》していたことから、収益率が回復しても、その回復力を十分に享受《きょうじゅ》できないのです。

どちらがいいですか、と聞くまでもなく、Aさんのほうがいい結果であることは明らかです。

資産を同じように運用して、同じだけ使っても、残りの資産が大きく違うのですから、誰でもAさんのほうを望むはずです。

では、どうしたらAさんのようになれるでしょうか。

15年という長期の資産運用をする場合には、ポートフォリオを組んでその15年間を平均したらどれくらいの収益率が期待できるか、いわゆる「期待収益率」は、ある程度納得感のあるものになります。たとえば、株式の平均収益率は国内外に分散すれば7％で、債券なら1％といった具合に、資産クラスごとに収益率を想定して、その組み合わせで運用の収益率を「3％程度で」とか、「5％程度で」などといった想定を作るのです。

しかし、どんなに精緻な分析を行っても、毎年毎年の収益率の予測をすることは不可能です。だとすると、Aさんのようなパターンになるのか、Bさんのようなパターンになるのかはまったく予測できないということになります。予測できないこうした収益率の並び方が、15年後の残高に影響を与えるようなことを「収益率配列のリスク」と言います。

「収益率配列のリスク」は、Sequence of returns riskという英語を直訳しただけですが、米国では、退職後の資産運用で非常によく議論されるポイントです。しかし、日本ではなかなか紹介されることはありません。これも、日本においていかに退職後の資産運用について議論されてこなかったかを示す証左のひとつです。

資産を長持ちさせる定率引き出し

75歳以降に安定的な生活を望んでいる場合、ほくほく顔のAさんになるのか、苦虫顔のBさんになるのかわからないのは、かなり大きなリスクだと言えます。繰り返しになりますが、75歳以降のためにその年齢までしっかり資産を残しておくことは、60歳時点でどの程度のお金を用意しているかよりも大切なことなのです。

どうしたらこのリスクを避けられるでしょうか。

資産を少しでも長持ちさせたいのなら、引き出し方を「定額引き出し」から「定率引き出し」に変えることです。「定率引き出し」というのは、引き出し額を一定にするのではなくて、〝残高の一定率〟で引き出すことです。

表ではAさんとBさん、ともにそれぞれの右側に定率引き出しによる資産の減少パターンを並べていますが、15年後の残高はともに621・7万円です。毎年の収益率の配列を予測することはほとんど不可能なため、事前にAさんのパターンなのか、Bさんのパターンなのかを知る方法はありません。そのため、それを避けるにはAさんのパターンでもBさんのパターンでも、結果がまったく変わらない「定率引き出し」が有効な手段と言えるのです。

「定額引き出し」は、「使うためのルール」にすぎません。私たちはそれだけではなく、残った資産にも目を向ける必要があります。15年後にスタートする、75歳からの「使う時代」にしっかりと計画通りの資産を残せるような引き出しのルールが大切なのです。

定率＋運用でさらに長持ち

さて、「定率引き出し」の有用性が理解できたところで、具体的にどれくらいの引き出し率が妥当なのかを考えてみましょう。この算出に関しては、生活費としていくら必要かを計算し、それと持っている資産を比較して資産の何パーセントを引き出すべきかを考える、といった〝順番〟が大切になります。

たとえば、公的年金以外に月額10万円程度の資金が必要だと考えれば、年間で引き出し額は120万円程度になります。もし、60歳時点で金融資産を3000万円持っていれば、その引き出し額は金融資産の4％に相当します。127ページのグラフの場合には、資産3950万円に対してだいたい月額13万円の引き出し額なので、引き出し率は4％となります。

たくさん引き出せばその分、資産は早く減ることになりますが、この引き出し率は単独で考えるのではなく、運用による収益率も合わせて考えるようにします。たとえば、4％の引き出し率で収益率を3％と設定できれば、この資産は毎年1％ずつ減っていくという資産管理ができます。3％の引き出し率なら、これと同じように1％ずつ資産を減らす資産管理をするためには、

運用収益率と引き出し率をうまくバランスさせて資産の減り方をコントロール

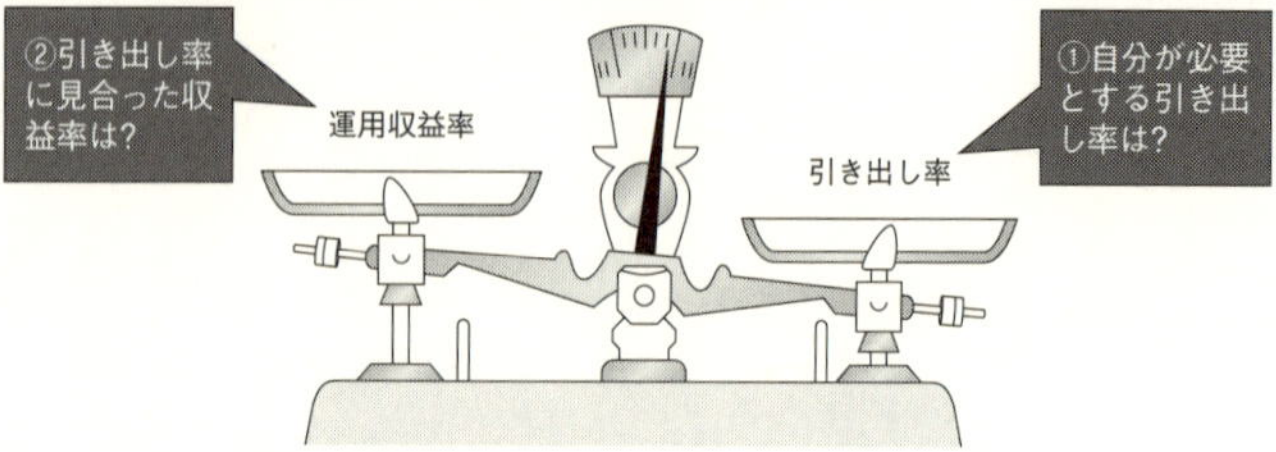

（注）手数料、税金などを考慮せず
（出所）フィデリティ退職・投資教育研究所作成

収益率は2%でいいことになります。収益率が低くていいということになれば、それに合わせてリスクも下げることができますから、運用はより安定的にできるようになります。

これは、秤《はかり》で表してみるとわかりやすいと思います。まずは自身でいくら必要かを考え、その資金を保有している資産を使って引き出し率に落としてみる。それを秤の右側に置いて、それに対応する予想収益率を左の皿に置くわけです。

ちなみに、「定額引き出し」だと、右の皿には「額」で、左の皿は「率」でのせることになります。ここから、本来、比較できないものであるということもよくわかると思います。右も左も「率」で考えるというのが大切なポイントです。

ちなみに、「どうすればリスクを下げられますか」と聞かれることが多いのですが、まずは「欲をかかないこと」

です。そして、分散投資をすることです。

私の知っている方が、「金融機関に行ってもいい商品を紹介してくれない」と愚痴《ぐち》をこぼしていました。意外に多くの人が、とくに投資を好きでやっている人ほど「何か良い投資信託はない？」と金融機関の方に相談するようです。どれくらい「いい」ものかを示さないで、「何か良い」と言ってしまうと、金融機関側にとっての「良いか悪いか」の判断になりかねません。

そこで、ここでは具体的に「10～20年で年率３％くらいの期待収益率が見込める投資信託はない？」という聞き方に変えてみてください。

引き出しと運用は表裏一体

繰り返しますが、「引き出す」という行動は、運用するという行動と不可分の関係です。

４％で引き出すということは、何かを売って現金化するということになります。もし預金だけから引き出すと、資産全体のバランスはリスクを取りすぎた配分に徐々に変わってしまうはずです。持っている資産の何と何を現金化するのかといったことは、簡単ではありません。

そもそも、引き出すことにより、徐々にではありますが資産残高が減少していくわけです。残高の一定率で引き出すことは、資産が小さくなるにつれて引き出し金額を小さくしていきます。そうなると、「資産はあるけれど、生きていけるほどには残っていない」ということにもなりかねません。

そのため、自分で「定率引き出し」をするとしても、それは75歳くらいまでにとどめて、それ以降は運用からも引退し、または、非常にリスクの低い運用だけにして「定額引き出し」に切り替える方法がいいと思います。「使いながら運用する時代」では定率引き出しを行い、75歳以降の「使う時代」になったら「定額引き出し」に切り替えていく、という考え方です。

定額引き出しは75歳から

ところで、そもそも退職後の資金として、定額で引き出すことのほうが、変動する引き出し額より嬉しいことは間違いありません。ただ、75歳までの「使いながら運用する時期」と75歳からの「使う時代」に分けてみると、どちらに、より定額での引き出しが必要になるでしょうか？

もし、60〜75歳の「使いながら運用する時代」に定額引き出しをして、収益率配列のリスクから、75歳の段階で資産が大きく毀損していたら、75〜95歳の生活に大きな不安をもたらします。あなたは、十分に生活力のある60〜75歳の時に相場変動で生活費の源泉が変化するリスクと、最も対応力が弱くなる75〜95歳の生活資金原資が変化するリスクのどちらを取ることができますか。

私は、この点に関してきわめて明快な答えを持っています。75歳以降のリスクは極力避けるべきです。

「使いながら運用する時代」は、仕事から引退はしていてもまだ資産運用からは引退しないということですから、まだまだ体力的にも、精神的にも変化に対応できる年代です。マーケットの変動によって引き出し額が変化しても、「今年はちょっとおとなしく生活しよう」とか「今年は少し余裕があるから海外旅行に行こう」などと、その変化に合わせた生活の調整ができるはずです。また、それもうれしいものではないでしょうか。

人によってその年齢は違うでしょうが、どこかの段階で運用からも引退する時期が来ます。運用から引退すればもう収益率配列のリスクは気にする必要がありません。当然、定率引き出しではなく、より安心できる定額引き出しにすればいいのです。

そのあとの生活は、できるだけ心穏やかに過ごしたいものです。とくに90歳などになれば、生活面でのサポートや、場合によっては有料老人ホームなどかなりのサポートが必要になるでしょう。また、退職後の生活場所として移住を考えるべき時代に来ていますから、そうした生活も大いに検討すべきです。

その場合に、毎月の生活費は契約などで一定に設定されることが多くなります。より定額での生活に近いのは「使う時代」のほうではないでしょうか。

「定率」の引き出し額変動の問題

「定率引き出し」で少し気になることは、「引き出し額」は大きく変動する可能性があるということです。

135ページの表でAさんの引き出し額と比較すると、Bさんの引き出し額のほうがかなり少ないことがわかります。たとえば63歳の時の引き出し額は、Aさんが年間73・6万円で、Bさんが26・9万円です。さらにAさんだけをみても、いちばん多いのがその63歳の時の73・6万円で、いちばん少ない時は74歳の時の33・9万円です。

こうした引き出し額の変動の激しい点を指摘すると、多くの方が「やはり定額が良いな」とおっしゃいます。繰り返しますが、「そのほうが安心できる」ということですが、それは引き出し額に〝安心できる〟というだけで、残高が〝安心できる水準〟で維持されているわけではありません。

この点は、「使いながら運用する時代」のリスクを承知していなかっただけなのかもしれません。それともわかっていても目先の安心を優先して将来のリスクを過少に評価する「行動バイアス」といったものがあるのかもしれません。

リスクの低い運用の効用

引き出し額の変動を抑える最も有効な方法は、リスクの小さい運用を心掛けることです。１３５ページの表の「標準偏差」と書かれた欄の数字をみてください。標準偏差は22・３％で、これは収益率０・９％に比して、非常に高い水準になっています。一般に標準偏差はリスクの指標と言われていますので、この表における運用は〝リターンは小さいがリスクの大きい投資〟だったことがわかります。

そこでリスクを抑える運用を考える必要が出てくるわけですが、これはよく言われるように、資産クラスを分けた分散投資をすることです。そもそも、定額で引き出す方法は、引き出し額を一定にすることで、相場の変動リスクを残高の変動で受けてしまうものです。これに対して、「定率引き出し」は、リスクを引き出し額の変動で受け、残高に影響を与えないようにする方法なのです。とすれば、「定率引き出し」の場合でもリスクの小さい運用をすれば引き出し額の変動はかなり抑えることができるのです。

１４０ページの秤の図で説明した通り、引き出し率を少し下回るような水準の収益率を受け入れることでリスクを下げることが可能になります。

リスクゼロでは意味がない！

もちろん、逆にリスクの少ない運用を行えば、定額での引き出しでも、収益率配列のリスクは小さくなり、75歳時点の残高に大きな影響を与えることはないでしょう。

その代表例が現金・預金で資産運用（!?）することです。収益率の変動の標準偏差、いわゆるリスクはほぼ0％ですから、15年後の残高も、毎年の引き出し額も定率引き出しでも定額引き出しとほぼ同じ金額になります。でも、そもそも現金・預金だけでは十分に95歳まで資産を維持できない、というところから議論はスタートしています。現金・預金だけの資産で退職後の生活のすべてをカバーできるのであれば、なにも運用などする必要はありません。ただ、これは、大きな資産を保有する人に限られる施策です。

読者のみなさんにとっては、「リスクゼロ」を求めて結局、「収益率０％」が解決策になっては意味がありません。いえ、これでは根本的な解決策にはなっていないのです。

自分に必要な退職後の資金総額をもとに、公的年金以外にいくら必要かを算出して、そこから「逆算の資産準備」をしてください。そして、それを達成するために取らなければならない最低限のリスクを考えて、お金と向き合って欲しいのです。

予定率引き出し			
年齢	残高（万円）	引き出し率（%）	引き出し額（万円）
60	2800.0	3.80	106.4
61	2774.4	3.85	106.8
62	2747.6	3.90	107.2
63	2719.7	3.95	107.4
64	2690.6	4.00	107.6
65	2660.5	4.05	107.7
66	2629.3	4.10	107.8
67	2597.2	4.15	107.8
68	2564.1	4.20	107.7
69	2530.1	4.25	107.5
70	2495.2	4.30	107.3
71	2459.6	4.35	107.0
72	2423.1	4.40	106.6
73	2386.0	4.45	106.2
74	2348.2	4.50	105.7

（注）年初に引き出し、残りを毎年３％の運用を前提に計算。手数料・税金を考慮せず
（出所）フィデリティ退職・投資教育研究所

一歩進んだ「予定率引き出し」

ところで、「定率引き出し」に少し工夫を加える方法もあります。「４％引き出し」を続けると、多少なりとも元本が減ってくることで、引き出し額が減ってしまうことは避けられません。たとえば60歳時点で、２８００万円で「４％の引き出し」は年間１１２万円ですが、75歳の段階で２４００万円に資産が減っていれば、年間96万円の引き出し額です。

この減少が無視できない場合もあります。そこで、引き出し率を平均で４％程度にするという設定にして、あらかじめ60歳の段階では３・８％の引き出し率で、少しずつ引き上げて75歳の時点では４・５％くらいにすると考えます。こうすると、計画通りであれば、引き出し額は年間１０５万円強に落ち着きます。もちろん相場の変動で元本が変動すれ

ば、引き出し額は変わりますから、「収益率配列のリスク」は回避できる一方で、順調であれば引き出し額が大きく変動しない方法です。

私は、これを予《あらかじ》め率を決めておくということで「〝予〟定率引き出し」と呼んでいます。毎年の残高に比率をかけて引き出す額を決める方法は「定率引き出し」と一緒ですが、「予定率引き出し」は少しずつ比率を引き上げていくという方法です。

資産の劣化を避ける方法

同様に、必要な金額自体が変化することも考えられます。その最たるものがインフレです。

インフレの場合には、引き出し率を引き上げざるをえないと思います。その対策として「予定率引き出し」を考えてもいいと思います。毎年の引き出し率を、想定されるインフレ率分だけ増やしていくわけです。たとえば、「4％引き出し」でスタートした翌年以降、2％のインフレを想定するのであれば、翌年は4・08％の引き出し率、その翌年は4・16％といった具合です。

ただ、インフレとなった際に資産運用の収益率がどうなるかも考えておくべきです。

一般的には、預貯金などより株式投資などのほうがインフレに対する抵抗力があると言われています。「インフレに備えて有価証券投資をすべきだ」ということはよく言われることですが、それは、株式投資の収益率はリスクのない資産がもたらす収益率に、リスクを取った分だけの上乗せの収益率の合計で計算されるからです。リスクに見合ったリターンとはこのことですが、「リスクのない資産の収益率」がすべての資産の収益率の基盤のようなものです。

リスクのない資産の収益率とは、満期まで保有する国債への投資に代表されるような、信用リスクや価格変動リスクのない投資対象の収益率です。インフレになるとこの無リスク資産の収益率が引き上がる方向に動きます。

インフレになると、現金や預金に資産を置いておくと実質的なお金の購買力を削《そ》いでしまうことになります。そのため、現金・預金から資金をほかの資産に移し替えようとする力が生まれますが、その結果、預金には金利が付くようになり、国債などの無リスク資産に関しても利率が高まることになります。これが「無リスク資産の収益率が上がる」ということになるのです。

本質的にはインフレによって、収益率も引き出し率もともに上昇することで、資産の劣化のスピードはそれほど悪化しないはずです。たとえば「4％引き出し3％運用」が、「5％引き出し4％運用」となれば、差額のマイナス1％は変わらないわけで、資産の劣化のスピードは変化しないはずです。

もちろん、タイムラグがあります。インフレで必要なお金が増えてきて、そこから時間が経って収益率が上昇してくることになります。そのため、収益率の上昇を睨《にら》みながら引き出し率を調整することが必要になります。

コラム④持続可能引き出し率

▼4%の「持続可能引き出し率」

「4%引き出し」という引き出し方のもとになった考え方があります。William Bengenが、1994年のJournal of Financial Planningに発表した論文「Determining Withdrawal Rates Using Historical Data」です。この論文では、米国の過去の株式と債券のデータを使って、30年間の「使いながら運用する」期間を想定して、資産が枯渇《こかつ》しなかった引き出し比率を計算しています。これをSustainable Withdrawal rate、日本語では「持続可能な引き出し率」と呼んでいますが、この論文で示された水準が「4%」だったのです。

ただ、「率」としていますが、退職時点の資産残高の「一定比率」を決めて、そこから計算された「金額」をその後ずっと定額で引き出す、とする方法でした。たとえば4%の「持続可能な引き出し率」であれば、資産が5000万円の人は年間200万円を引き出すことができますし、資産3000万円の人は年間120万円を引き出すことができます。そして、その金額は生涯一定です。

金額を決めるための指針として「率」を使いますが、一度金額が確定すればその金額を

「定額」で引き出していくことになります。そのため、「収益率配列のリスク」は十分に抱えているのです。

▼「持続可能引き出し率」の課題：死ぬまで運用するか

ここで言う「資産が枯渇しなかった引き出し率」を計算するためには、2つの変数が必要になります。1つは運用する金融市場の収益率で、もう1つはあなたの年齢ごとの生存確率です。

後者は、一般的な生命表を使って退職年齢以降の一般的な死亡率を使い、前者は過去のマーケットの実例を使います。これをもとに何万回とシミュレーションを行うことで、「資産があなたの人生よりも長持ちする引き出し率」を計算するのです。

ここで、2つの課題もみえてきます。死ぬまで運用するということは、90歳とか95歳になっても運用ができるように、誰か専門の人に運用を含めた財産管理全体を委任する必要があります。日本ではそれほどなじみのある方法ではありません。もちろん、自分でやるということであれば不可能ではありませんが、それでも金融機関は75歳とか80歳以上の高齢者には、金融商品取引法のもとに取引を制限するガイドラインを作っていますから、簡単ではありません。

今後、フィナンシャル・ジェロントロジー（金融老齢学）の研究から、こうした年齢による一律の規制が緩和《かんわ》されることになれば、少し違った可能性もみえてくるでしょうが、今のところなかなか難しい課題です。

私がより安心感を持って引き出しの議論ができると考えるのは、やはり75歳や80歳になったら完全に資産運用からも引退できるような資産を残す「使いながら運用する時代」を想定する方法であって、決して95歳までの運用を前提にしたいとは思いません。

これを投資信託にできないかとも考えてみました。「持続可能引き出し率」を使って引き出し額を決めて、それを分配金として出す投資信託を創るという発想です。ただ、それでも次のような課題が気になってきます。

▼「持続可能引き出し率」の持つ課題：信頼度90％の意味

それは、「成功確率」という考え方です。過去のデータをもとにシミュレーションを行って「持続可能な引き出し率」を算出していますから、１００％成功するというわけにはいきません。

そこで、「人生の途中で資産が枯渇しないこと」の可能性を〝信頼度〟と呼んで示す必要があります。米国では一般に、90％をめどにしています。すなわち、「信頼度90％」で資産のほうが長持ちするということです。

これはかなり高い確率ですが、ちょっと別な見方をすると10人に１人はうまくいかない可能性があるということでもあります。個人的には、日本人には「なかなか受け入れられない」水準と感じるのではないかと思います。

それでも、信頼度90％を受け入れられる人にとっては、「持続可能引き出し率」を使った定額引き出しも有効な方法と言えるでしょう。

コラム⑤毎月分配型投信を見直す

ところで、この定率引き出しと定額引き出しの違いは、毎月分配型投資信託に対する考え方にあてはめることができます。そこで、個人向けのセミナーで少し時間に余裕のある場合には、この考え方が毎月分配型投資信託の功罪を理解する時の考え方を整理する方法だとも伝えています。

よく毎月分配型投資信託のことを「タコ足配当だからダメだ」と批判する人の話を聞きます。資産形成層の方が毎月分配型投資信託を使うのは、「積み立てながら運用する時代」またはは「働きながら運用する時代」ですから、そもそも分配を受け取ることはよほどの理由がなければ許容できません。

でも、退職者が「使いながら運用する」ということは、元本から引き出して生活に充当することを想定しています。さらに、「使う時代」であれば、まさしく元本を使っていくことを意味します。根本的にこの時代は、資産から資金を引き出して資産を減らしていく「タコ足」引き出しになるのです。

そうなると、退職者にとっては、毎月分配型投資信託が「タコ足」だからだめだとは一概には言えません。いえ、むしろ、毎月分配型投資信託がタコ足だからこそ、D世代の私たちには適しているとも言えるのです。

もちろん、D世代の人にとっても、毎月分配型投資信託には課題があります。最大の課題は元本を引き出している事実を理解できていないことでしょう。改めてその点は強調しておきたいと思います。

それだけではありません。分配金がなかなか下がらないことも問題です。たとえば、もし分配金を下げようものなら、投資家は「儲《もう》けが少なくなった」とか「運用が悪くなったのではないか」と考え、売却してしまいがちなのです。そのため、投資信託を販売している銀行や証券会社は、資金流出を避けるため分配金の水準を下げてほしくないと思っていますし、運用会社も資金流出は大きな痛手になるため避けたいところなのです。その結果、分配金の水準は下方硬直的になり、投資環境が変化しても分配金の水準は変わらないものになってしまいます。言ってみれば、分配金が定額になりがちだということです。

分配金が定額になると何が起こるのでしょうか。そう、これまで定額引き出しのところで考えてきたように、収益率配列のリスク、言い換えると、思った以上に元本が毀損するリスクが大きくなってしまうのです。だとすれば、運用環境の変化に合わせて分配額が変わる、定率分配型の分配型投資信託にすべきなのです。

運用環境が変わったことで分配金を引き下げると、世間の見方が厳しくなるケースは、読者の方々の多くもよくご存じだろうと思います。「運用が悪化したので」（これは運用の巧拙ではなく、市場環境が変わっただけなのですが）、「分配金を引き下げた」と指摘されます。そして、メディアに「毎月分配型投資信託の終焉《しゅうえん》」といったキャッチーな見出しをつけられることになるのですが、けっして惑わされないでください。

コラム⑥定額分配金の活用法

毎月分配型投資信託を保有している人は、どう考えたらいいでしょうか。定額引き出しになりそうなので、すぐに売却して……と考える必要はありません。定額分配になりがちな毎月分配型投資信託を使った、定率引き出しの方法をご紹介します。

といっても、それほど難しいものではありません。単に定額の部分を小さくしておくというだけです。

たとえば、資産を4000万円保有して、その4%をそこから引き出す場合、年間引き出し額は160万円となります。仮に、そのうちの60万円分を毎月分配型投資信託の分配金として受け取るのであれば、残りの100万円を元本から引き出すようにします。もちろん分配金での受け取りを70万円にしたり、80万円にしたりするのも、それはみなさんの考え方次第です。

基本は、もし価格が下落してそれに合わせて資産が減るケースを想定した時にも、分配金が年間引き出し額を上回らないようにしてあればいいのです。

4000万円の資産が、運用の結果、2000万円にまで一時的に減った時、その4%の引き出し額は80万円です。これくらい急減しても、4%の引き出し額がまだ分配金を上回っているようにしておけばいいのです。この場合なら、毎月分配金の受取額が60万円であれば、とくに慌てることなく、分配金60万円に、元本からの引き出し20万円で、年間引き出し80万円を作り出すようにすればいいだけです。

第６章　退職後の資産運用のすすめ：３％運用

資産形成「率」が大事

前章でみた「引き出し率」と対になるのが、「運用収益率」です。そこでこの章では、「使いながら運用する時代」の運用面についてまとめます。

まずは現役時代をふり返ってみましょう。現役時代には、「年収×資産形成比率」で算出する資産形成額を運用に回して、時間をかけて育てていくということが求められます。

いくら資産形成に資金を回すかと考える時に、一定額で考えるのではなく、年収の一定比率にすることが重要です。というのも、年収が上がるほど退職後の生活必要総額は増えるので、それに合わせて資産形成の金額も増やす必要が出てきます。それを具現化するためには、「率」で考えておけば、年収が上がると自動的に資産形成額も増えることになるからです。

ちなみに、英国では2018年までに、ごく小さな企業も含めたすべての企業に企業年金を導入することが法律で義務付けられました。その企業年金では、各社員の年収の8％が最低拠出率として定められています。内訳は企業が3％、個人が4％、そして税金の戻りで1％という構成になっています。一方、米国フィデリティでは、年収の15％を推奨比率として公表しています。

日本はというと、こうした比率はあまり議論されません。しかし、「逆算の資産準備」で言及した、30代で月額4万円、40代で同5万円、50代で同6万円というのは、平均的な年収を想定すると、おおよそ年収の12％を投資に回していることになります。

さて、みなさんはどれくらい資産形成をしてきましたか？

みんな資産形成を後悔している

59歳になってから振り返って後悔しても仕方ないのですが、私自身、「もっと早くからちゃんとした資産形成をやっておけば、もっと十分な資産を作り上げることができたはずだ」と思っています。これまで行ってきた各種アンケート調査でも、「現役時代にやっておけばよかったこと」という質問に対し、過半数の方が「退職後の生活のための資産形成」と答えています。

私は、1982年に大学を卒業して、山一証券経済研究所で社会人生活をスタートさせました。ご存じの方も多いと思いますが、1997年に自主廃業した山一證券の子会社です。私の場合、若い頃に創り上げていた資産は自社株でしたので、一時は3000万円くらいあった金融資産が、自主廃業で一気に紙くずになりました。

投資の世界で「卵は一つの籠《かご》に盛るな」と言われる通り、今考えれば、給料の源泉と投資対象が同じというのは、リスク分散を誤った〝反面教師〟として非常に良い例ではないでしょうか。しかも当時、住宅ローンを抱えていましたから、退職金を差し引いても40歳直前で2000万円以上の負債を抱えた状態から、老後の資産形成をスタートする羽目に陥《おちい》りました。

私は、その翌年の1998年に外資系の証券会社メリルリンチ証券東京支店の調査部に転職しました。39歳の時のことでした。とくにメリルリンチの調査部では、コンプライアンスの観点から個別株への投資は非常に厳しいルールがあったため、個人としての株式投資はあきらめました。それに、仕事が忙しくて個別株投資のための銘柄調べをする余裕などありませんでしたから、投資信託やETF（上場投資信託）に投資の対象を切り替えざるをえなかったのです。ETFが本格化し始めたのは、制度の拡充もあって2001年くらいからでした。

結果、その後はできるだけ売買することをやめて、買いっぱなしの「放っておく運用」になりました。しかも、給料は住宅ローンの返済と子供の教育費用に消えていきましたから、積立投資をする余裕はなく、投資はもっぱらボーナスを充当して日本株に連動するETFへの投資でした。外資系のボーナスは波が激しいので、まとまって投資できる時もあればほとんどできない時もありました。

その後、2000年のITバブルの崩壊や2008年のリーマンショック等の相場の大波乱がありましたが、投資は継続していましたので、今になればそれなりの資産となっています。

積立投資はフィデリティ投信に入社した47歳から始めましたが、金額が増えてきたのは子どもが大学を卒業した50歳になってからです。それまで払っていた大学の授業料と同じ金額を、できるだけ積立投資に回して生活の水準を上げないようにしたのも、今になってみるといいことだったと思います。今、計算してみると、年収の12％くらいは投資に回すことができました。とはいえ、短い期間ですが。

結局のところ、問題は老後の資産形成を考え始めたのが40代になってからだったということです。もっと早くから準備を始めていれば、違うレベルの資産を創り上げることができたのではないかと思います。

もちろん、今からそれを望むつもりはありません。資産を大きく増やすよりも、もう少し積み立てを続けつつ、その先は、持っている資産を長持ちさせるような「山を安全にゆっくり下るようなお金との向き合い方」に転じていきたいと思っています。

自分なりにここから「使いながら運用する時代」を取り入れ、坂をうまく下りて行って、なんとか95歳までやっていけそうな気になっています。

60歳以降の運用と引き出し

さて、60歳を過ぎてからの「運用」に話を移していきましょう。

退職してからは、仕事から引退しても資産運用から引退する必要はなく、資産の運用を続けながらも、ある程度引き出すことに気を配ることが必要になります。前の章では、引き出し方に関してまとめましたが、60歳からは引き出しと運用をどうバランスさせるかが重要なカギとなります。

多くの方は、資産運用というと、「何か儲《もう》かるものはあるのか」という視点から入っていきます。しかし、私はセミナーなどで「銀行や証券会社の店頭に行って〝何か良いのない？〟と聞くことだけはやめてください」と申し上げ、「何が儲かるか」という目線を避けるように伝えています。儲けの水準、期待する収益率は、ただそれだけを考えると、「高ければ高いほど良い」ということになります。しかし、儲けを追求すると、その分、どんどん高いリスクを取り込んでいってしまうことにもなります。

だからこそ、「どれくらいの収益率で大丈夫か」を考えることが大切なのです。

退職後の資産活用では、その基準となるのが引き出し率です。たとえば引き出し率が4％であれば、運用収益率がそれと同じ4％なら資産は減っていきません。3％の運用なら、年率で1％のペースで資産が減っていきます。運用収益率が2％なら減り方は毎年2％です。

こうやって考えると、収益率はどれくらいあればいいかを知る目安を持つことができるのです。そのため、この本でもまずは引き出し率の議論をしてきました。

前述の通り、私は、資産が少しずつ減っていくことを許容するのが大切だと思っていますので、「4％引き出し、3％運用」が、「使いながら運用する時代」に求める水準だと考えています。

現役時代に積立投資経験を！

退職してからの資産運用といってすぐに連想するのが、退職金での運用です。しかし、これまで投資をしてこなかった人が、59歳から投資のことを考える場合に最も陥りやすい危険は、この「退職金を使った投資」を検討することです。

「退職金で投資をするな」という意味ではありません。序章でもみたように、それまで一度も投資をしてこなかったのに、退職金を受け取ってから突然、退職後の生活が心配になって投資を始める。しかも、日本株投資を始めるというのが「最も危険なこと」だと思うのです。

フィデリティ退職・投資教育研究所が、２０１５年に退職金を受け取った８０００人を調査したところ、退職金で投資をした２６７６人の25・９％がそれまで投資をしたことがなかった人でした。若葉マークの退職金投資家が４分の１もいるという話はすでにした通りです。

そもそも、現役時代に投資をしなかった理由として、「まとまった資金がないから」と答える人が数年前までは非常に多かったのです。事実、２０１０年のフィデリティ退職・投資教育研究所のアンケート調査では、投資をしていない理由として「まとまった資金がないから」を挙げた人が48・４％に達していました。そうした人が、退職でまとまった資金を受け取ったのですから、投資に目を向けるのはわからないではありません。しかし、あまりにも危険に思えてなりません。

それでは、これまで投資をしたことがなかった人はどうすればいいのでしょうか。もう今後いっさい投資をしてはいけない、などと言うつもりはありません。その退職金を、10回とか20回という有期の時間分散で運用に回すことをおすすめします。

もちろん、本来はたとえ50代後半であっても、現役時代に投資信託やＥＴＦ（上場投資信託）などで積立投資を始めて、投資そのものに慣れておくべきでしょう。たとえ少しの資金であったとしても、経験してみることで、相場の変動が自分の心にどんな波風をもたらすか理解しておくことは非常に大切です。

最近では、ネット証券などでは１００円から投資ができるところもありますが、50代後半にもなってそんなことをしても、相場の変動が自分の心にどんな影響を与えるかわかるはずはありません。ある程度、たとえば毎月1万円ずつといった金額で積立投資を始めてみるべきでしょう。

無理をしない運用で十分

退職してからの資産運用で最も大切なことは何か、と聞かれることが多いのですが、私自身、心がけようと思っているのは、「減らすことが目的だ」としっかり理解することです。言い方を変えると、「使いながら運用する」時代は、引き出し率より少し低めの投資収益率を目指します。

みてきたように、残高の4％で引き出したいのであれば、それより少し低めの運用収益率である3％運用を求める。このように〝無理をしない運用〟で、「資産は使っていくことで減るものだ」と達観すべきです。

資産運用というと、多くの方が「いかに増やすか」を重視しますが、60歳以降では「使うこと＝引き出すこと」を前提にして、それでも「いかに持っている資産を長生きさせるか」を重視すべきです。

資産運用というのは、いい時もあれば厳しい時もあるものです。現役時代には、生活コストは給料などでまかない、運用の成果は日々の生活にそれほど多大な影響を与えるものではありませんでした。それゆえじっくりと相場の回復を待つこともできるのです。しかし、退職してからは資産運用の成果が現役時代以上に生活に直接影響します。なにしろ、その成果が生活費の原資となるのですから、重要度はかなり違ってきます。だからこそ無理をする必要はありません。いや、無理をしてはいけないのです。

これまで説明してきたように、「使いながら運用する時代」の「定率引き出し」では、運用のリスクの大きさが引き出し額の変動に連動するため、それを避けるにはリスクの少ない運用が求められます。そのためには、収益率もできるだけ低いほうがいいと言えるのです。

３％運用は本当に可能か

さて、60歳以降目指していく「年率３％の運用」ですが、実現可能性はどのくらいあると言えるでしょうか。私のように、長らく金融市場とかかわってきた者にとっては、年率３％運用はそれほど遠い世界の話ではない感覚でいます。ところが、セミナーなどで話をすると、「現在の預金金利を考えると、３％運用はとても難しいことのように思えるのですが……」といった質問を受けることが多くあります。

メリルリンチ東京支店の調査部で、リテールのお客様にポートフォリオの考え方などを説明するのが仕事だった時、今でも忘れられない体験をしました。「君は、債券への分散投資をすすめているけど、利回りが３％しかないのにどうして投資対象になるのだ」とかみつかれたのです。この時、私は金利が下がるかどうかを予見したわけではなく、資産分散の対象として、海外も含めて債券投資は有効だと話したのですが、国内債券単体で考えるとこうした懸念が出てくるのでしょう。国内債券でそれだけの金利水準が取れるのなら、現在なら投資をしないはずはない水準ですが、いつの時代も「投資をしていない人」にとっては、否定する材料から先に目についてしまうものなのでしょう。

ちょっと脱線してしまいました。さて、現状で、３％の運用は本当に〝難しい〟のでしょう

分散投資と長期投資の関係

（注）RIMESよりフィデリティ投信作成。日本株式：日経平均株価 海外株式：MSCIコクサイ・インデックス（除く日本）日本債券：シティ日本国債インデックス 海外債券：FTSE世界国債インデックス（除く日本、円ベース）インデックス 4資産均等配分：各資産クラスに1/4ずつ均等配分した場合を使用。いずれも円ベース。期間：1997年12月末～2017年12月末。それぞれ1997年12月末を10,000として指数化。手数料、信託報酬、税金は考慮していません。
※上記は過去の指数の実績で、将来の収益を予想、または保証するものではありません。

か。

上のグラフは、過去20年間の４資産分散投資の実績です。国内株、海外株、国内債券、海外債券の指数に４分の1ずつ投資をして、これを毎月リバランスします。その結果をみると、２０１７年12月末までの20年間では、１万円で投資した金額が２万２７７９・０７円になり、年率で換算すると、収益率４・１％に達していたことがわかります。

こうした実績からすると、３％運用はそれほど難しいものではないとおわかりいただけるのではないでしょうか。しかも、運用期間内に日本株の長期低迷やＩＴバブルの崩壊、リーマンショックといった大きな波乱を内包しての成果です。

分散投資の効果は大きい

ところで最近では、「分散投資があまり効かなくなった」という指摘をいただくことがあります。株や債券といった資産クラスが、世界の経済、金利、そしてイベントに対して、みな同じ方向に反応して動くことが多くなったということでしょうか。分散投資の効用を説明する時に、「価格の変動が逆方向だと波を打ち消して変化を小さくする」と言われるので、同じ方向に動くことは、分散投資の効用がなくなったものと考えるかもしれません。

でも、実際には、同じ方向に動いたとしても、その「動き方」が違っていれば、分散投資の効用はあるものです。

たとえば、167ページのグラフで、リーマンショックの時をみてください。この時は、すべての資産がマイナス方向に動いて分散投資の効果がなかった、と言われました。しかし、よくみると、大きな世界株式の落ち込みの一方で、世界債券はそれほど落ち込んでいません。逆に回復局面では、世界債券の戻りが遅い中で世界株式は急回復しています。その結果、4資産分散のグラフは、波が相対的に小さくなっているのです。変動の大きさやスピードも分散投資によって抑制することができるわけですから、まだまだ分散投資の効用は大きいと言えます。

とはいっても、人の心は面白いもので、分散投資は頭で理解できても、実際に運用を始めるとうまくいかない人が多いものです。「分散投資はうまくいかない」という声も、多分にそうした「行動バイアス」がもとになっていることがあるように思います。

私のセミナーで分散投資の話を聞いても、終了後には、「私も実は分散投資をしています。ところで、持っている米国株の投信が最近上昇していて、そろそろ売ったほうがいいでしょうか」とか、「海外債券の投信の基準価額が下落しているのですが、まだ持っていて大丈夫でしょうか」といった質問が出てくるのです。分散投資は、上がったり下がったりをする中でも〝持ち続けていること〟でその効用が出るのですが、全体の変動の動きを理解しないまま、個別の資産クラスの変動に惑わされている姿がみえてきます。

それなら、いっそすべてに分散されたバランス型の投資信託に投資すればいいのですが、それを指摘すると、「その分、手数料が高くなるから」と反論されます。個人的には、こうした「行動バイアス」を抑制することでマイナス面をぬぐい去ることができるなら追加のコストを払っても、決して悪いことではないように思います。

２つのコスト：手数料と税金

少し脱線しました。もう一度１６７ページのグラフに戻ってください。このグラフには、「２

つのコスト」が隠されています。本当は、こうした指数上の議論だけでは、実際の世界で4・1%の運用収益を取ることはできないのです。おわかりでしょうか。

「2つのコスト」とは、グラフの下に小さく書かれている（注）の文章のひとつ、「手数料、信託報酬、税金は考慮していません」の部分のことです。

私たち個人にとっては、金融機関に支払う各種手数料や投資信託の信託報酬、それに政府に支払う税金などは「投資のコスト」ですから、これを考慮しない収益率には現実感がありません。これらを差し引かない状態で「3%運用が可能」と言われても、とても信用できるものではありません。

1つめの「手数料」というコストについてみてみましょう。

投資信託を購入する時には、購入価額の一定比率を「販売手数料」として負担しなければなりません。一般的には3%程度です。株を売り買いする時には売買手数料がかかります。もちろん、この手数料が0%のものもあります。いわゆる「ノーロード」と呼ばれているもので、株式や投資信託でも増えてきています。

さらに、投資信託には「信託報酬」と呼ばれるコストもかかります。投資信託の資産を管理する受託銀行、運用を指図する運用会社、そして販売を担当する販売会社に対し、それぞれ年間で決まった比率のコストを支払うことになっています。このコストは日々の資産額から差し引かれ、信託報酬を差し引いた金額をもとに基準価額が計算されています。近年は、「インデックス投信」と呼ばれるような、運用そのものを市場を代表する指数に連動させて運用のコストを下げ、信託報酬を安く設計した投資信託も増えてきました。

次に、２つめのコストである「税金」です。

税金は、売却益や配当益に対し20・３１５％の税率で課税されます。ざっくり20％だとすると、１００万円の儲けが出ても80万円しか手元に残らないわけです。年率４％で収益率が出たとしても、20％の税金を差し引けば３・２％の収益率になってしまいます。

しかし、こちらの課題も、非課税で投資できる仕組みが登場してきました。一般ＮＩＳＡ、ｉＤｅＣｏ、つみたてＮＩＳＡなどがそれですが、50代後半以降なら一般ＮＩＳＡがもっとも使いやすいと思います。この点は１８０ページ以降で触れていきます。

手数料をチェックする

私たちは、これら「２つのコスト」――手数料と税金の問題を理解したうえで、最終的に３％の収益率を実現できる運用を検討する必要があります。もちろん、「２つのコスト」は、ゼロにできればそれに越したことはありません。しかし、ただでサービスを受けることはできません。完全にゼロにできることはないので、うまく付き合って、いかに投資の効率を上げるかを考えてみたいと思います。

まず手数料ですが、これはサービスの対価としてみれば、満足する水準であれば「払ってもいい」と思えるはずです。自分の中で「4%で引き出しながら3%で運用することを計画」し、それをもとに「年率3%程度で運用できる運用方法を紹介してほしい」と願って、ポートフォリオを作ってくれるのなら、そのような金融機関には「ある程度の手数料を払ってもいい」と感じるのではないでしょうか。これはまさしく「アドバイス・フィー」です。

販売手数料については、自分が受けたサービスの対価として相応しいかどうかで判断すればいいし、オンライン証券を利用するとか、手数料のディスカウント・キャンペーンなどを活用するなど、上手に選択すればさらに安い手数料で運用を行える可能性は広がっています。

また最近、金融庁が販売手数料の引き下げ圧力を強めています。こうしたこともあり、販売手数料を引き下げたり、信託報酬の安い投資信託が登場したりして、業界全体としてはいい方向に進んでいるように思います。なかでも、2018年1月から始まった「つみたてNISA」は、販売手数料0%が要件となっており、これが大きな流れを作ったように思います。

もちろん、投資信託やETFなどを投資対象として想定すると、そこにかかる販売手数料は投資をする際（購入時）に支払うものですから、すでに資産を持っていて「資産を引き出す」時代に入った人、すなわち、「D世代」にとっては、それほど大きな問題にはならないはずです。ただ、売却時に支払う手数料、たとえば信託財産留保額がかかるような投資対象は、売却するたびにコストがかかります。こうした点はしっかりチェックしておく必要があります。

50代以上に合った投資とは

若い人たちは、今やスマホやパソコンを駆使《くし》して、私たちの世代よりはるかに簡単に投資をしています。そのため、手数料も安くて済む方法が増えてきているとも言えます。ところが、50代後半以降の私たちの年代は、必ずしもそうした新しいサービスになじめているとは言えません。

たとえば、流行《はや》りのロボアドバイザーを使って退職金での投資を始めますか。ロボアドは、いくつかの投資に関する質問に答えて、そこから自分に合った資産配分をAIが解析し、アドバイスしてくれるものです。そのアドバイスをもとに自分でネット経由で投資を行うタイプや、資金を投じれば、そのまま一任勘定《いちにんかんじょう》でアドバイス通りの配分で運用してくれるサービスなどが登場してきています。

価格が高くなると、「もう売り時ではないか」とやきもきし、下落すると心配で頭がいっぱいになるといった、感情に左右される「行動バイアス」を抑えるためにはいい方法だと思います。しかし、どちらかと言えば、資産形成世代である「A世代」用にできており、資産を引き出しながら活用していく世代である「D世代」の私たちのニーズ、すなわち「引き出し」にはまだ十分応えていないように思います。

「D世代」のニーズに応えるためには、2つの視点が不可欠になります。

1つは、これまで述べてきた、「引き出す」という機能をロボアドバイスに取り入れる必要があります。当然、複雑になることは間違いありませんが、AI技術の現状をみる限り、決して難しいとは思えません。資産形成＝アキュムレーション(Accumulation)をするだけの場合と違って、まだそのロジックがしっかりと定まっていない、いや、まだ解決しなければならないことが多いというだけのように思います。

もう1点は、ユーザー側とのインターフェースです。「D世代」にとっては、ウェブ上で設問に答えるだけで、運用も引き出しもベストな方法でできたとしても、そこに3000万円、5000万円、場合によっては1億円の資産を預けるといったことは簡単にはできないように思います。毎月1万円とか5万円とかといった金額で積立投資をするのとは、また違った信頼感が必要です。

資産を多く持つ「D世代」には、たとえば、コールセンターを使った注文や相談サービスなどは使いやすいと言われています。そこから私は、「D世代」向けにはロボアドではなくて、サイボーグアドバイザーが増えるのではないか、と考えています。

石ノ森章太郎《いしのもりしょうたろう》さんの「サイボーグ009」は、私たちの世代の憧《あこが》れの漫画でした。ロボットアドバイザーはすべてがロボットでできていますが、サイボーグアドバイザーは、脳や心は人で、体はロボット。コールセンターがロボアドを使ってアドバイスをしてくれるとか、アドバイザー自身がロボアドを駆使してアドバイスを提供してくれるというほうが、なじみがあるように思えます。

事実、米国では、伝統的な金融機関がロボアドを使った運用サービスを提供し始めて、一気に先駆だったフィンテック系を凌駕《りょうが》しました。「ハイブリッド型ロボアド」と呼んでいますが、「D世代」向けにもこうしたアプローチがなじむように思います。

運用10年以上の投信をチェック

さて、販売手数料については、サービスに見合ったものかどうかを見極めればいいのですが、一度投資してしまえば、嫌でも信託報酬が日割り計算で差し引かれてしまいます。そこで、信託報酬を差し引いたベースで収益率を計算すればいいということになります。といって、実は、投資信託では信託報酬を差し引いた基準価額ベースで収益率を計算するのが普通ですから、それほど変な話ではありません。

そこで、モーニングスター社のファンド検索サイト（詳細条件からファンドを選ぶサイト）を活用してみてください。

このサイトを使って、どれくらいの投資信託が基準価額ベースで3％の運用ができているのかを一緒に調べてみましょう。

2018年6月24日（日曜日）の朝に検索してみたところ、モーニングスター社のファンド検索サイトの検索対象ファンドは、確定拠出年金専用やETFなども含めると、6078本もあります。ここから自分に合った投資対象を選ぼうとすると、とても探し出せそうにありません。そこで、絞り込みをやってみましょう。

モーニングスター社のサイトは、非常に細かく条件を入力できるようになっていて、知らない人にはなかなか手を出せないような項目がいっぱいあります。

ここでは、投資信託を選ぶというより、どれくらいの投資信託が基準価額で3％運用ができているのかを調べることに主眼を置きます。絞り込み条件は、「運用年数10年以上」だけとします。リーマンショックなど大きな相場の変動を乗り越えて、継続して運用を行ってきたファンドの成績をみるためです。

検索サイトを少し下にスクロールしていくと、いちばん最後の「その他」という項目に「運用年数」という欄があります。この枠に「10」と入れて、「年以上」のところのボタンを押せば、検索することができます。

投信の約７割が年率３％以上

ちなみに、10年以上の運用実績がある投資信託は１６７４本もあります。過去10年ということは、２００８年のリーマンショック直前をスタートにしていることになります。10年運用を継続していることだけでも信頼感は増すところですが、問題はその運用成果です。

モーニングスターの検索サイトでは最長10年の運用成果を表示していますが、それをみるには、検索サイトでは、１６７４本の投資信託が並んでいる画面の左上のほうに「スナップショット」と記載された欄にタッチしてください。すると、リターン（長期）、リターン（短期）、リスク、コスト、レーティングの５つの項目が表示されます。ここからリターン（長期）を選択すると、１６７３本の投資信託に関して「ファンド名」「会社名」「カテゴリー」「1年リターン」「３年（年率）リターン」、「5年（年率）リターン」、そして「10年（年率）リターン」が表示されます。

さらに、「10年（長期）リターン」の項目名をクリックすると、その収益率で並んでいる投資信託をランキング表示してくれます。最初の段階では、運用収益の悪いほうから並んでしまいますので、もう一度この項目をクリックしてください。すると、運用収益の高いほうからのランキングになります。

ランキングで最も高い収益率（年率）だったのは、29・35％です。ほかにも過去10年間で年率10％以上の投信が52本もありました。

とはいえ、これが「おすすめの投信」というわけではありません。過去の実績はよかったのですが、ハイリターンであるだけにハイリスクでもあると思いますから、これから10年、20年とこれらの投資信託で3％運用ができるかというと、少々不安になります。

ここでは、個別の投資信託をすすめるつもりはありません。しかし、3％の運用収益率を求めるのであれば、10年の年率が3％前後であって、5年の収益率もその程度である投資信託を探してみることがひとつの目安になると言えるでしょう。10年でも5年でも安定的に3％収益を上げていて、分散投資がされている投資信託が安心できるものだろうと思います。また、「4％の収益を追い求める」「2％の収益で問題ない」などと、それぞれ自分の想定する投資信託を探してみるのも面白いでしょう。

過去10年の運用実績がある投資信託が、いったいどれくらいの収益率をもたらしてきたかを確認することも忘れないでほしいと思います。サイトの画面を何度か下にスクロールして、年率3％の運用となったのは何番目くらいの投資信託だったかを確認してください。

私が試してみたところ、971番目でした。1674本の中で過去10年の年率収益率が3％以上の投資信託は58・0％に相当する水準で存在していることになります。すなわち、信託報酬を差し引いた基準価額でみても、10年以上運用実績があり、その収益率（年率）が３％以上だった長期運用の投資信託が約６割を占めていることがわかります。

さらに、過去10年の年率平均が０％以上、すなわちマイナスにならなかった投資信託は１５４８本で、全体の92・５％です。投資信託というのは、しっかり選べば、預貯金と比べても決して心配するような悪い金融商品でないことがわかります。

税金を払わない資産形成

もう１つの「罠」は税金でした。

税率20％強は収益を大きく毀損《きそん》しますから、できるだけ税金を払わない方法があれば資産活用世代にはうれしいところです。投資の税金は、積み立てる時にはあまり考えないで済むのですが、現実に資産活用＝デキュムレーションを進める、つまり「デキュる」時には、税金の重さが痛感されます。

では、税金を払わないでいい方法はあるのでしょうか。

そもそも、所得はすべて課税の対象となっているのが税制の原則です。状況に応じて税率を低減したり、所得としての算出対象から控除したりといった形で減税が行われています。日本では、投資に関する税制は、投資の儲けである配当収入と売却益に関して、その20％を税金として徴収することになっています。2013年までは投資を優遇するということで、半分の10%という優遇税率が適用されていました。これが2014年1月からは通常税率に戻され、現在は東北震災の復興費用も上乗せになったため、20・315%が投資の儲けに関する税率です。

そんな中、2014年1月から少額投資非課税制度、NISAが導入されました。この口座を使っての投資に限っては税率が0%になっています。資産運用をするなら、この非課税制度を使わない理由はありません。

NISAは、それまでの投資優遇税制の廃止に伴って導入され、一定限度額の投資に対して税率を0%にするというものです。売り買いを行うそれまでの〝取引を優遇する制度〟から、資産をため込んでいく〝資産形成を優遇する制度〟に移行したと言ってもいいでしょう。ちなみに、2018年からスタートした「つみたてNISA」と峻別《しゅんべつ》するため、最近では「一般NISA」と呼ぶようになっています。

一般NISAを活用する

一般NISAは、保有口座で毎年120万円を上限に投資をすると、そこから5年間は利益が出ても非課税扱いとなります。逆の言い方をすると、5年経つと非課税の恩恵がなくなりますので、課税口座に移すか、次の5年の非課税枠に移す（これをロールオーバー、または移管といいます）かの選択をしなければなりません。

ところで、次の5年の非課税枠に移管する際に、２０１８年から全額移管できるようになりました。それまでは移管する時にも上限が１２０万円だったので、１００万円で投資をスタートし、5年間で２００万円まで資産が増えた場合、移管する際には１２０万円で足切りされたのです。そして、残りの80万円は課税口座に移さざるをえませんでした。

それが、２０１８年からは２００万円全額を移管できるようになったのですから、メリットはかなり大きいでしょう。

ただ、それでも6年目の非課税投資枠を1年目の投資枠からの移管で使ってしまうと、新しい資金はつぎ込めません。これは、5年の非課税期間は、１２０万円の5倍である６００万円が総投資額となることを示しています。

この金額がみなさんにとって大きいかどうかです。人それぞれでしょうが、早くから運用していれば、この６００万円が１０００万円くらいに増えていることもあるでしょう。でも、今から始めようとする人には、ちょっと少ないと思える額かもしれませんね。

さらに、この一般ＮＩＳＡが今のところ２０２３年までの制度設計になっているという制約もあります。２０１４年分の資金を２０１９年の利用枠に移管したとして、これが5年の非課税期間を終えた２０２３年には、制度上、次に移管する受け皿がなくなっています。ＮＩＳＡの制度す。設計に関わってきた私としては、なんとか制度の恒久化が認められないものかと強く願っています。

一般NISAの非課税期間は5年なので、2014年の非課税投資が2018年の年末には5年を迎えます。そのため、年末までにその資産を課税口座に移すのか、来年の非課税枠に移して（ロールオーバーして）、さらに5年の非課税投資を続けるのかの判断をしなければなりません。

みなさん、それぞれの事情があるでしょうから、私がどうすべきか一概にアドバイスはできません。ただ、こと私の資産に関して言えば、6年目に全額を非課税枠に移管するつもりです。なにしろ2018年から移管時の上限が撤廃されていますから、たとえば2014年の100万円が500万円に値上がりしていたとしても、そのまま全額移管できて、さらに5年の非課税で投資を継続できるのです。すでに一般NISAで投資をしている人は、ぜひとも全額移管を検討してみてください。

なお、2014年の投資額を2019年の非課税投資枠にロールオーバーすると、そこから5年間非課税投資ができます。2015年に投資した投資額も、2020年の枠にロールオーバーすれば、そこから5年間、2024年まで非課税投資ができます。一般NISAの制度は2023年までですが、その意味するところは、2023年に投資した120万円はそこから5年間非課税投資ができる、ということです。すなわち、2027年まで継続できることになります。2

018年に59歳になる私は、68歳まで非課税投資が続けられるのです。

50代超に使いやすい一般NISA

ところで、2018年からつみたてNISAが導入され、2017年にはiDeCo（個人型確定拠出年金）も公務員や第3号被保険者に適用範囲が拡大して、資産形成用の非課税制度と注目され始めました。若い人にとっては、どんどん新しい非課税投資制度が充実しつつあります。

ただ、つみたてNISAは年間の非課税上限額が40万円と少ないこと、それに積立契約を結ばなければならないことなどから、「D世代」の私たちにとっては、資産を移す先としてはちょっと向いていません。また、確定拠出年金（DC）、iDeCo、国民年金基金など、年金型の資産形成制度は60歳までの加入というのが原則で、59歳の私はもちろん、同年代の方々には、これから加入するかどうかを検討するにはちょっと遅すぎます。こちらも「D世代」には向いていません。

現在、こうした税制優遇制度は現役世代のためのものが多く、「D世代」やそれに近づいている私たちのような世代に向いた良い制度がなかなかありません。その中で最も使いやすいのは、一般NISAでしょう。

「D世代」は現役時代に作り上げた資産がある程度あり、これから積立投資を始めるわけではあ

NISAのイメージ図

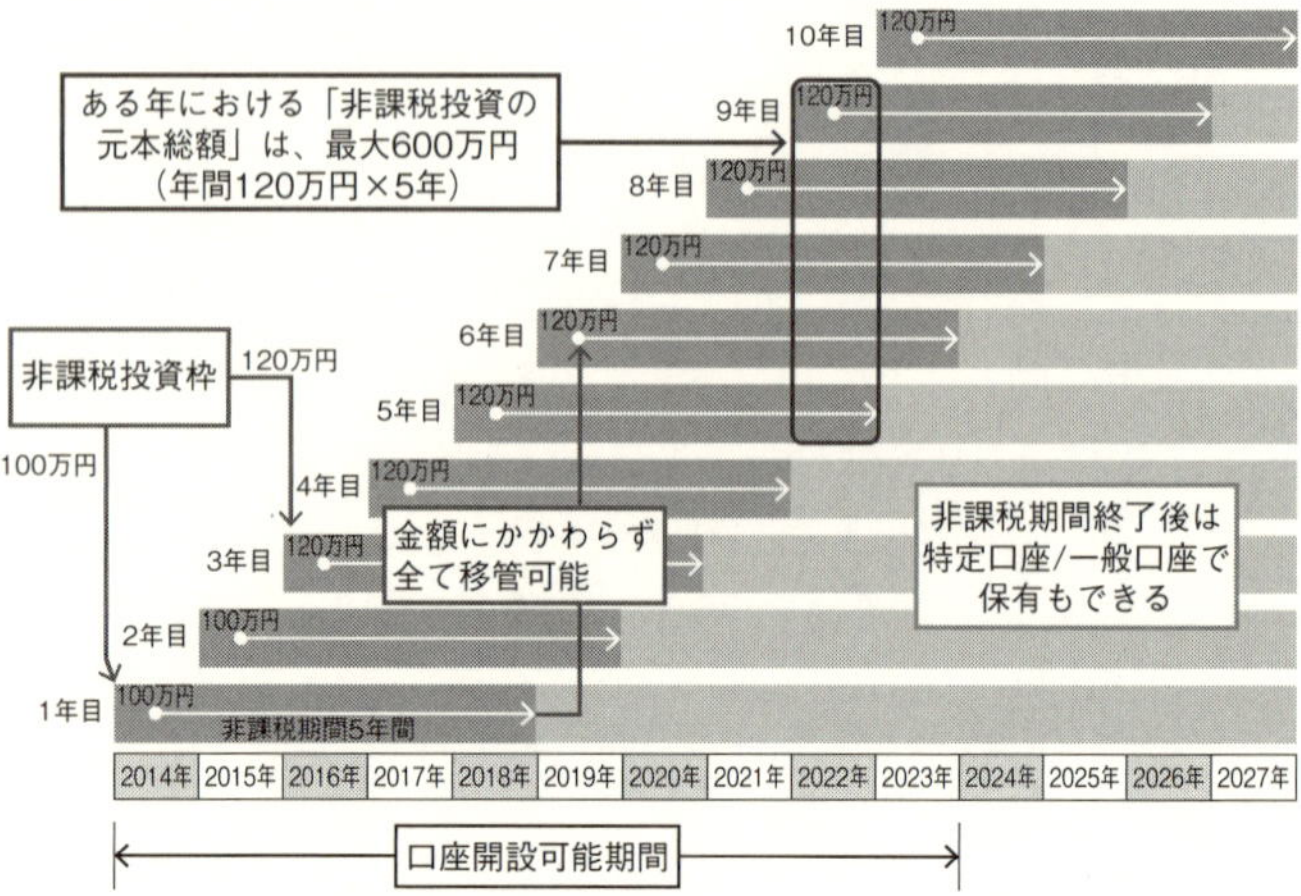

（出所）フィデリティ退職・投資教育研究所作成

りません。それより、まとまった資金を非課税で投資できる口座が欲しいのです。この目的のために使えるのが、一般ＮＩＳＡです。

ただし、これにも制約がいくつかあります。

まず、年間の投資上限が１２０万円だということです。非課税ですから、なんでも自由ということはありえませんが、退職に伴って、これまで積み上げてきた資産をこの非課税制度に移そうとしても、年間１２０万円ではちょっと少なすぎます。そのため、60歳になる前からこの口座を計画的に使って、資金を税金のかからない口座に移すことを検討するべきです。

具体的には、保有する資産のうち有価証

券、とくに株式、株式投資信託、ＥＴＦを、投資期間が長くなると思われるものから一般ＮＩＳＡに移すことを考えます。ＮＩＳＡ口座に資産を移すには、一度売却をしなければなりません。そのため、その段階で利益が出ていれば税金を払わざるをえないことは理解しておいてください。

夫婦で非課税枠を2倍にする

ＮＩＳＡでいいのは、個々の非課税口座が夫婦２人で活用できる点です。配偶者も同様にこの口座を開設すれば、家計単位で考える総投資額は2倍の「１２００万円まで」となります。５年の非課税期間に夫婦がそれぞれ６００万円を投資に回し、各１０００万円まで資産が増えているとすれば、合計で総額２０００万円が非課税で引き出せる資産になります。

こちらも、「デキュる」際には税金を考慮しないで引き出せる資金として重要になってきます。

一歩先行く英国の退職後資金事情

ところで、日本は制度設計上で「Ｄ世代」を優遇するという発想がまだ欠けています。そのため今後その可能性が出てくるだろうと思いますが、参考として、ＮＩＳＡのもととなったＩＳＡ《アイサ》(個人貯蓄口座)を持つ英国の事情を紹介します。

英国では、すでにいくつかの制度を「Ｄ世代」向けに変えてきました。まずはＤＣから資産を引き出す際の課税の変更です。

　ＤＣ口座から資産を引き出すと、それは所得課税対象となります。しかし、これを特定の金融商品、具体的には「Annuity」と呼ばれる引き出し型の保険商品の購入に充《あ》てる場合に限り税金を繰り延べて、その金融商品から引き出す時に課税するという特権制度がありました。これを、２０１５年の制度変更で、「Annuity」だけでなく、引き出し型金融商品全体にまで拡充しています。退職者により広い選択の自由度を提供しようということです。これに合わせて、ＤＣ加入者で資産を引き出す際には、希望者に無料で投資ガイダンスを国が行う制度もスタートしています。この制度を「Pension Wise」と呼びます。

　また、ＩＳＡ《アイサ》では、２０１４年の預金型ＩＳＡと株式型ＩＳＡの実質的な統合も、「Ｄ世代」向けの改革だと思います。それまで株式型ＩＳＡから預金型ＩＳＡへの資金シフトは認められていなかったのですが、高齢者の資産構成の保守化要請に応えるように、株式型ＩＳＡから預金型ＩＳＡへお金を移せるようにしたのです。

　さらにＩＳＡの関係では、配偶者が亡くなった時に、残された配偶者がその方の非課税資産を翌年の拠出上限額に上乗せできる制度、「相続ＩＳＡ」を２０１５年から始めています。これは、亡くなった方が非課税口座で運用してきた資産を、配偶者が引き継げるようにするものです。

たとえば、亡くなった方が10万ポンドのＩＳＡ資金を持っていた場合、配偶者は翌年に通常の2万ポンドの非課税投資枠に加えて10万ポンド分の上乗せができて、その年に限って12万ポンドの非課税投資ができるわけです。

相続税などで優遇するものではなく、単にＩＳＡの拠出上限額を翌年に限り一時的に引き上げるだけの措置です。拠出する資金としては、亡くなった配偶者のＩＳＡ口座の中にあった資金であろうと、自分の課税口座の中にあった資金であろうと関係ないのです。

Ｄ世代から政府への４つのお願い

本章の最後に、まとめに代えて、「Ｄ世代」の「デキュる」施策として、制度改正の提言を4つしてみたいと思います。「こうなって欲しい」という制度の改正を想像しながら、今の制度の枠内で何ができるかも伝えることで、制度をうまく活用した「デキュる」策でもあります。

①つみたてＮＩＳＡに一本化しないで

英国のようにＤＣやＮＩＳＡが、私たち引き出し世代である「Ｄ世代」にもっと使いやすくなるように声を上げませんか？

まずはＮＩＳＡです。

2016年12月に出された自民党の税制改正大綱では、将来の課題としてNISAの一本化が謳《うた》われていました。これが今でも生きていて、NISA一本化の議論が続いています。

2014年に、20歳以上の居住者なら誰でも口座を開設できる一般NISAがスタートし、その後、20歳未満の未成年者も開設できるジュニアNISAがスタートしました。さらに、2018年からは積立投資を前提にした年額40万円までのつみたてNISAも始まりました。

正直なところ、そもそも各制度が難しいうえに、似たような仕組みが乱立したことで〝わかりにくく〟なっているのは気になるところです。

その課題を解消するために統合する、という考え方には基本的に賛成です。しかし、だからといって「資産形成に資する」という言葉だけで、つみたてNISAに一本化しないでほしいと思います。私たちの年代には、年間40万円での積立投資が前提の口座は向いていませんから、ある程度まとまった資金を投資できる一般NISAのほうが役に立ちます。

金融庁が発表する統計資料では、一般NISAの口座開設者数の過半数が60歳以上とのことですが、これはある意味当然のことです。

実は私は、NISAの導入時期から、その元の制度である英国のISAの調査などを含めて、制度導入に深くかかわってきました。日本の法体系などの問題から、まったく同じ制度を短期間に導入するのはきわめて難しいことでした。そして今もなお、ＮＩＳＡのあるべき姿、シンプルで柔軟性のある仕組みはまだまだ十分達成できているとは言えないと思っています。

そうした事情もすべて考慮したうえで、私は、英国にある私的年金に盛り込まれている「生涯拠出上限額」というアイデアを取り込むべきだと提言しています。具体的には、一生涯に非課税投資できる金額に上限を決めて、その枠内であれば、積み立てであろうと一括であろうと、投資のスタイルは自由に選べるようにするのです。

ちなみに、現在の一般ＮＩＳＡは、５年間の非課税上限額の合計が６００万円です。これを生涯上限額として設定すれば、「Ａ世代」で毎月２万円ずつ積立投資をする人は25年間の継続投資ができますし、毎月の積み立てではなく、途中でボーナスからまとめて投資をするといった自由度も高まります。もちろん、私たちのような「Ｄ世代」は、資産をまとめて移すこともできるのです。

②徐々にリスクの低いものに入れ替えられるようにして

さらに高齢者になると、徐々に資産構成を保守的にしようと思うものです。いや、これまでまとめてきたように、「デキュる」ためには徐々に現金化ニーズに応えられるように、リスクの小さい金融商品に移していくことが求められます。引き出す時にリーマンショックのような大きな変動が来ては困るので、徐々に保守的な投資対象に変えていくことが「D世代」の重要な対策でした。

それには、保有口座の中で投資信託や株式を売り買いできる必要があります。これは、英国でみれば、株式型ISAから預金型ISAに資金シフトできるようにした制度設計と同じです。私たち「D世代」にとって、しかも「デキュる」ための方策として、きわめて大切なことです。

今のNISA制度は、長期投資を標榜《ひょうぼう》しすぎています。「買ったらできるだけ売らせない」ために、その年の非課税枠は、売却してもしなくても投資した分だけ使ったことにされてしまいます。すなわち、一度売却しても枠を使ったことになって、ほかのものを買うことができなくなってしまうのです。実質的に、口座内での商品の入れ替えができないのです。

これは、高齢者にとっては使いにくいものです。商品構成の変更ができるように制度を緩和《かんわ》していく必要があります。

運用の世界では、よくアセット・アロケーション（資産配分）が大切だと言いますが、ライフステージによってそのアロケーションを変更する「アセット・リアロケーション（資産の再配分）」も大切なのです。これが認められるような制度の緩和をお願いしたいところです。

とはいえ、現在はすぐに制度の見直しができないので、代わりに行えることを考える必要があります。具体的には、非課税期間が到来したものからリスクの小さい金融商品に移管することです。私の場合であれば、２０１４年の枠で投資した１００万円は、日本株、アジア株、欧州株、米国株に投資する投資信託に４分散しています。これを２０１９年の枠に一度ロールオーバーしたあと、２０２３年末に非課税口座から課税口座に移す際には、債券型の投資信託に乗り換えることを考えています。こうすることで、非課税期間が終了した資産から保守的な資産に切り替えていくことができます。

残りの一般ＮＩＳＡ内の資産は、すべて先ほどの４つの株式投信ですから、２０２４年、私が64歳から大枠２割が債券型投資信託に移管され、そこから５年かけて69歳までに一般ＮＩＳＡ内の資産は保守化できることになります。

③夫の非課税投資を継続させて

英国の相続ＩＳＡの考えも日本に導入できそうに思います。

一般ＮＩＳＡも、ジュニアＮＩＳＡも、そしてつみたてＮＩＳＡも、一人ひとりで口座を持つことができることが制度建付けとしてはうれしい点です。家族の人数に合わせて非課税口座が持てるということは、家族構成が大きいほど非課税枠が大きくなるわけで、資産形成の「Ａ世代」にはいい制度だと思います。

しかし、退職して子供たちが独立し、夫婦だけの世帯になった時にはどうでしょう。もちろん夫婦二人分の非課税枠を使えますが、もし私が死んだらその時は……。実は、「使いながら運用する時代」の夫婦にとって、そうしたリスクもかなり現実のものとして認識されるようになります。

一般に、夫のほうが妻よりも年齢が高く、男性の平均余命が短いのです。そのため配偶者が亡くなる場合、奥様が残されることが多いのです。その時には、非課税投資枠は120万円にまで減ってしまいます。今のところ、そうしたケースで配偶者には何も対策はありません。

そこで、残された奥様への優遇措置を加えられないでしょうか。

日本のNISAが英国のISAを参考に作成されたことはよく知られている通りです。非課税口座内にある資金は、退職後の生活用にと大切に運用してきたものですから、英国の相続ISAのような制度を導入すれば、退職後2人だけの生活になった時に、非課税のまま実質的に資産を夫婦間で共有できるようになります。

これは、平均余命が総じて長い女性にとって、とくに大きな力になるのではないでしょうか。その対策として今できることは多くはありませんが、夫婦ともにNISA口座を開設して資産運用を行っておくことでしょうか。万一の場合が起きてから口座を開設しても遅いですから。

④確定拠出年金の引き出しに自由度を加えて

ＤＣ（企業型確定拠出年金）でも、英国を参考に改善策を考えてみましょう。

私がフィデリティ投信に入社して12年目を迎えていますが、その間、ＤＣに入っています。そのおかげでかなりの資産ができています。

私の場合、拠出総額に対して、現在の残高は１・６６倍です。年率に換算すると４・５％の収益率です。投資収益は言うまでもなく非課税です。この制度はもっと拡充し、多くの人が使うべきものだと痛感しています。同世代に向かって言っても〝今さら〟ですが、もう少し若い世代には、ぜひとも使って欲しい制度です。

ここにきて、ｉＤｅＣｏ《イデコ》と呼ばれるようになった個人型確定拠出年金が注目を集めています。自営業者など一部に使われていただけの個人型確定拠出年金が、２０１７年からは一般の企業の従業員でも使えるようになり、さらに公務員や第3号非保険者、いわゆる専業主婦（夫）にも広がり、ニックネームもイデコ（ｉＤｅＣＯ）とつけられて急速に注目されるようになりました。

ＤＣは、転職する際に持ち運べることがその大きな特徴のひとつです。加入対象者が広がると、若い人にとっては自助努力の年金制度のメリットが転職で途切れることがなくなるということで、非常に素晴らしい改善だと思います。

また、それに合わせて、「Ｄ世代」向けには引き出し方や継続の方法にもっと自由度を持たせてほしいと思います。確定拠出年金では、規約によって65歳まで加入者は追加の拠出もできるし運用の指図もできるところがありますが、一般には60歳になると追加の拠出はできません。60歳を過ぎてまだ十分に所得がある人にとってはちょっともったいないですよね。65歳まで加入できるように期間を伸ばしてもいいのではないでしょうか。

さらに、受け取りについても課題があるように思います。受け取り方法は「一時金受け取り」「年金受け取り」、そしてその併用の3つがありますが、受け取るたびに手数料を支払う必要があります。1回400円の手数料の場合、今の運用環境ではそれ自体かなりの負担になりかねません。しかも、口座管理料は継続的にかかります。

理論的には、一括受け取りよりも、「使いながら運用する」ことを制度として担保《たんぽ》している〝年金受け取り〟の制度が有用だと思います。税制にしろ、受け取り方法そのものにしろ、もう少し年金受け取りに資する方法を選択しやすいようにすべきだと思います。

退職所得控除の課題

前の会社を退職する際、私がみずから痛感させられたことがあります。それは、勤めてきた会社から転職する際に受け取った退職一時金や企業年金は、その時点で退職所得控除を使って節税すると、次の転職先で退職する際にメリットが薄くなってしまうということです。

そもそも、退職所得控除は終身雇用を前提に作られているので、20年を超えて勤めることでメリットが大きくなるように設計されています。退職所得控除は、退職金などを受け取った時にその所得を課税所得から控除する仕組みですが、勤続年数によって控除額が計算されます。20年までは1年あたり40万円、20年を超えると1年あたり70万円です。

たとえば、30年間、同じ会社に勤務してきた人の退職所得控除は、20年×40万円＝800万円と（30年－20年）×70万円＝700万円で、合計1500万円となります。この場合、退職金のほかに確定拠出年金などを退職時に一括で受け取ると、1500万円までは所得控除されて非課税になります。1500万円までなら税金はゼロです。

転職をしている人の場合はどうでしょう。私は日本の会社で16年、外資系で8年、現在の会社で12年勤務していますが、比較しやすいように、2つの会社で18年と12年で合計30年としてみましょう。最初の会社で18年勤務して退職金を受け取ると、控除額は18年×40万円で720万円です。2つめの会社では、12年×40万円で480万円、合計すると1200万円の控除額ですから、1つの会社に長く勤めるほうがより多くの控除額を得られます。

現在では、確定給付年金（DB）を設定している会社からDCのある会社に転職しても、企業年金資産を持ち運べるようになっています。そこで、退職所得控除を使わないで、2つの企業での勤務歴を通算するという手も使えるようになりました。しかし、年金以外で退職金があれば、その分で退職所得控除を使うことも十分にありうるため、DCが持ち運べるようになったからといって、必ずしもこの退職所得の問題が解決したとは言えないのです。

引き出し専用非課税口座が必要

ひとつのアイデアですが、DC口座から課税の繰《く》り延《の》べを認める形で、民間の引き出し専用口座に移させる制度があればどうでしょう。税制優遇を受けながら、DCの資産を年金受け取りの方式で受け取れる口座を自分で作っていくことができるようになります。その際には、金融機関に投資教育の提供を義務付けるのもいいかもしれません。

iDeCoの残高が大きくなり、一般にもっと使われるようになれば、こうした課税繰り延べ口座とそれにセットされた投資教育は、きっと労働市場の流動化を促進し、D世代のお金と向き合う力を養うことにも大きな力になると思います。

もちろん、現状ではそうした制度はありません。せめてそれに近い方法として、DCの資産から一括引き出ししたあと、一般NISA口座で運用を続けてはどうでしょう。DC口座で作り上げてきた金額にもよりますが、年間120万円をフルに使って運用を継続することになります。2023年に一般NISAの制度が終わることになっていますので、それまでに60歳を迎える同世代にしか使えない方法ですが。

おわりに——運用も引き出しも「時間をかける」こと

資産活用で個人にできることなど知れています。運用する対象は預金、株式、債券、投資信託、保険くらいで十分でしょうし、投資するタイミングは一括にするのか、分散するかです。そして、どう引き出すかを考える。

その狭《せま》い選択肢の中で最も大切にしなければならないのは、お金と向き合うことに「時間をかけること」だと思います。長く考えるという意味ではなく、時間をかけてゆっくり行う、ということです。

「A世代」には「時間を味方につけて資産形成を行うべきだ」と言いますが、これは、時間をかければ高い山も上れるという意味です。であれば山を下りる方、「D世代」の資産活用も「時間をかけて」いきましょう。ゴールまで時間をかけてゆっくり下りていく。その方法と理念は、50代後半から60代前半である今この時期に考えなければならないことなのです。

「下山」の考え方は、自分や夫婦のためだけのものではありません。これを貫徹することで、自分の子どもたちにも迷惑をかけずに済む、大切な考え方だと言えます。

お金との向き合い方の中で考える「下山」とは、本文でみてきたように、デキュムレーション(Decumulation)そのものです。この言葉は、本書を読んだみなさんはもうおわかりの通り、資産の取り崩しとか引き出しといった意味の用語ですが、それだけに留まるものではありません。単にお金を取り崩したり引き出したりというだけでなく、その裏には〝資産運用〟が組み込まれています。

つまり、Decumulation = Investment（運用）+ Withdrawal（引き出し）なのです。

日本ではまだ、ほとんど聞いたことがなかったキーフレーズです。原稿執筆中の2018年4月30日に、グーグルで「デキュムレーション」を検索したところ、989件しかありませんでした。しかも、最初に出てくる5つはすべて私のコメントでした。この言葉を使っているのは、私を含めてほんの少しの専門家だけです。それだけなじみのない言葉であり、考え方です。

しかし、私はあえてこの言葉を使っていきます。言葉もさることながら、そうした発想や考え方を定着させていく必要性を強く感じているからです。

「おい、デキュろうぜ」

こんな言葉が日本でもふつうに使われるようになることが、私の〝願い〟です。

本文中でみてきたように、資産形成＝アキュムレーション（Acumulation）の対となる言葉がデキュムレーション（Decumulation）であり、「資産を運用しながら使っていこう」の意味です。ただ、そのままだと堅苦しくなるので、「デキュる」と短くしたライトな言葉になって、多くの人に流布《るふ》して欲しいのです。

近い将来、おじさん世代が飲み屋の会話で気軽に使ってくれるくらいになれば、その頃にはきっと、日本の老後対策も進むのではないか……と思っています。

今、書店の店頭を見渡すと、ｉＤｅＣＯやつみたてＮＩＳＡなど、現役世代の資産運用に関する本が花盛りです。しかし、59歳になる私に近い世代の諸氏にとって、今から資産形成を考えるのは少し遅すぎるのです。これからは、持っている資産をどれくらい長く生き延びさせられるか、自分の寿命とお金の寿命との競争だと思っています。

積立投資で３０００万円の運用資産がある人も、退職金で３０００万円受け取ってそれをそのまま投資した人も、明日の相場、金融市場は等しく心配になるものです。どうやって投資を手仕舞えばいいのか。そう、時間をかけて投資から撤退すると考えると、時間をかけて資産形成するのとはまったく対照的なお金との向き合い方になります。投資をしてきた人にとっては、投資からどうやって撤退していくかという「出口戦略」です。

本書では、59歳の私が自分のこととして、「デキュる」ことの必要性とか、意味とか、実際の方法などについて語るようにしました。決して第三者的な立場での解説書ではなく、実際に自分自身がやろうとしていること、やろうとしてもがいていることを話してきました。

人生100年時代、老後に1億円要《い》るのは本当。でも、心配しなくていい。方法はある！——ただ、そのことを伝えるために本書を書き上げました。

それにしても、今回の執筆作業は大変でした。文章を書くことには慣れていると自負していたのですが、本当に時間がかかりました。構想は4年ほど、実際に書き始めてからは半年以上かかりました。講談社の編集者村上さんからOKをいただくのに3回も書き直しです。村上さん、よくお付き合いいただき、アドバイスいただきました。心より感謝です。

当然、長い期間原稿に悪戦苦闘していることから、家族には迷惑をかけたことと思います。今では子供たちも独立しているので、妻に最も負担をかけたと思います（もしかすると、かえって気楽だったかも……）。

文中では、フィデリティ退職・投資教育研究所の名前やフィデリティ投信株式会社の名前も出していますが、ここで述べた考え方や制度提言などはすべて私個人の意見であることを改めて申し添えます。
本書が同年代のみなさんの資産の持続力アップに、ほんのちょっとでもお役に立てば幸いです。

2018年6月

野尻哲史《のじりさとし》

野尻哲史

1959年生まれ。82年、一橋大学商学部卒業。山一証券経済研究所アナリスト、同社ニューヨーク事務所駐在、メリルリンチ証券会社東京支店調査部リサーチ・マーケティング・マネジャー、同調査部副部長を経て、2006年、フィデリティ投信に入社。07年からフィデリティ退職・投資教育研究所所長を務める。10年以上にわたって個人投資家の資産運用に対するアドバイスを続けており、最近はアンケート調査から個人投資家の投資動向を分析した意見を多く発表している。公益社団法人日本証券アナリスト協会検定会員、証券経済学会・生活経済学会・日本FP学会・行動経済学会会員。

著書には『退職金は何もしないと消えていく』『なぜ女性は老後資金を準備できないか』『老後難民　50代夫婦の生き残り術』『日本人の４割が老後準備資金０円　老後難民にならない「逆算の資産準備」』（以上、講談社＋α新書）などがある。

講談社＋α新書　429-5 C

定年後《ていねんご》のお金《かね》

寿命までに資産切れにならない方法

野尻哲史《のじりさとし》

2018年 7 月19日第1刷発行
2020年 1 月24日第6刷発行

発行者——渡瀬昌彦
発行所——株式会社 講談社
東京都文京区音羽2-12-21 〒112-8001
電話 編集(03)5395-3522
販売(03)5395-4415
業務(03)5395-3615

デザイン——鈴木成一デザイン室
カバー印刷——共同印刷株式会社
印刷——株式会社新藤慶昌堂
製本——株式会社国宝社
本文データ制作——講談社デジタル製作
本文図版——朝日メディアインターナショナル株式会社

ISBN978-4-06-512674-5

講談社+α新書

日本人だけが知らない砂漠のグローバル大国UAE
加茂佳彦
なぜ世界のビジネスマン、投資家、技術者はUAEに向かうのか？ 答えはオイルマネー以外にあった！
840円 756-1 C

金正恩の核が北朝鮮を滅ぼす日
牧野愛博
格段に上がった脅威レベル、荒廃する社会。危険過ぎる隣人を裸にする、ソウル支局長の報告
860円 757-1 C

おどろきの金沢
秋元雄史
伝統対現代のバトル、金沢旦那衆の遊びっぷり。よそ者が10年住んでわかった、本当の魅力
860円 758-1 C

「ミヤネ屋」の秘密 大阪発の報道番組が全国人気になった理由
春川正明
なぜ、関西ローカルの報道番組が全国区人気になったのか。その躍進の秘訣を明らかにする
840円 759-1 C

一生モノの英語力を身につけるたったひとつの学習法
澤井康佑
「英語の達人」たちもこの道を通ってきた。読解から作文、会話まで。鉄板の学習法を紹介
840円 760-1 C

茨城 vs. 群馬 北関東死闘編
全国都道府県調査隊 編
都道府県魅力度調査で毎年、熾烈な最下位争いを繰りひろげてきた両者がついに激突する！
780円 761-1 C

ポピュリズムと欧州動乱 フランスはEU崩壊の引き金を引くのか
国末憲人
ポピュリズムの行方とは。反EUとロシアとの連携。ルペンの台頭が示すフランスと欧州の変質
860円 763-1 C

脂肪と疲労をためる ジェットコースター血糖の恐怖 人生が変わる一週間断糖プログラム
麻生れいみ
ねむけ、だるさ、肥満は「血糖値乱高下」が諸悪の根源！ 寿命も延びる血糖値ゆるやか食事法
840円 764-1 B

超高齢社会だから急成長する日本経済 2030年にGDP700兆円のニッポン
鈴木将之
旅行、グルメ、住宅…新高齢者は1000兆円の金融資産を遣って逝く↓高齢社会だから成長
840円 765-1 C

歯は治療してはいけない！ **あなたの人生を変える歯の新常識**
田北行宏
歯が健康なら生涯で3000万円以上得!? 認知症や糖尿病も改善する実践的予防法を伝授！
840円 766-1 B

50歳からは「筋トレ」してはいけない 何歳でも動けるからだをつくる「骨呼吸エクササイズ」
勇﨑賀雄
人のからだの基本は筋肉ではなく骨。日常的に骨を鍛え若々しいからだを保つエクササイズ
880円 767-1 B

表示価格はすべて本体価格（税別）です。本体価格は変更することがあります

講談社+α新書

書名	著者	内容	価格・番号
定年前にはじめる生前整理 人生後半が変わる4ステップ	古堅純子	「老後でいい！」と思ったら大間違い！ 今やると身も心もラクになる正しい生前整理の手順	800円 768-1 C
日本人が忘れた日本人の本質	山折哲雄 髙山文彦	「天皇退位問題」から「シン・ゴジラ」まで、宗教学者と作家が語る新しい「日本人原論」	860円 769-1 C
ふりがな付 山中伸弥先生に、人生とiPS細胞について聞いてみた	山中伸弥 聞き手・緑 慎也	テレビで紹介され大反響！ やさしい語り口で親子で読める、ノーベル賞受賞後初にして唯一の自伝	800円 770-1 B
結局、勝ち続けるアメリカ経済 一人負けする中国経済	武者陵司	2020年に日経平均4万円突破もある順風!! トランプ政権の中国封じ込めで変わる世界経済	840円 771-1 C
仕事消滅 AIの時代を生き抜くために、いま私たちにできること	鈴木貴博	人工知能で人間の大半は失業する。肉体労働でなく頭脳労働の職場で。それはどんな未来か？	840円 772-1 C
病気を遠ざける！ 1日1回日光浴 日本人は知らないビタミンDの実力	斎藤糧三	紫外線はすごい！ アレルギーも癌も逃げ出す！ 驚きの免疫調整作用が最新研究で解明された	800円 773-1 B
ふしぎな総合商社	小林敬幸	名前はみんな知っていても、実際に何をしている会社か誰も知らない総合商社のホントの姿	840円 774-1 C
日本の正しい未来 世界一豊かになる条件	村上尚己	デフレは人の価値まで下落させる。成長不要論が日本をダメにする。経済の基本認識が激変！	800円 775-1 C
上海の中国人、安倍総理はみんな嫌い だけど8割は日本文化中毒！	山下智博	中国で一番有名な日本人——動画再生10億回!!「ネットを通じて中国人は日本化されている」	860円 776-1 C
戸籍アパルトヘイト国家・中国の崩壊	川島博之	9億人の貧農と3隻の空母が殺す中国経済……歴史はまた繰り返し、2020年に国家分裂!!	860円 777-1 C
知っているようで知らない夏目漱石	出口汪	きっかけがなければ、なかなか手に取らない、生誕150年に贈る文豪入門の決定版！	900円 778-1 C

表示価格はすべて本体価格（税別）です。本体価格は変更することがあります